かない」という事態に陥った。両親は、やはり私たち子どもやこの家を守りたい、先祖が守ってきたこの土地はどうしても売りたくないということで、何とか現金をかき集めてきた。しかし、それでも足りない。結局、足りない分は銀行から借り入れをして相続税を支払った。

しばしば開かれた親族会議では、決して楽しい話ではないので、相続をきっかけに親戚一同が非常に険悪な関係になった。祖父が亡くなる前まではとても仲がよく、何かあれば集まって食事をしたり、カラオケをしたりするような間柄で、私もみんなが大好きだった。

しかし、祖父が亡くなってからというもの、まったく交流がなくなってしまった。ちょうど思春期だった私は、心にとても深い傷を負った。私の人生において、最も心に突き刺さった、忘れられない出来事となった。

その頃、母が言ったひと言を今でも私は忘れていない。「しっかり対策を立てて、こんな嫌なことにならずにすませる人もいるらしいよ」と。

このとき私は、金融知識の大切さを痛感させられた。

時が経ち、社会人になって会社に勤めるようになり、結婚もして、もっと稼いで妻や両親に楽をさせてあげたい、旅行にもたくさん連れて行ってあげたい、いい思いをさせてあげたい、そんな気持ちと自分でビジネスを創造してみたいという気持ちが強くなって独立を考えるようになった。

かつて、「お金に関する知識は絶対に必要だ」と強く感じた経験があったからこそ、独立にあたっては、その経験やお金に関する知識を活かして人の役に立つ仕事をしようと考えた。それが「ファイナンシャル・プランナー」だったのだ。

この本を取った方も、生涯の仕事を決めるにあたっては、自分自身の人生の棚卸しというか、自分の人生は今までどうだったのだろうか、自分はどう生きてきたのだろうか、というところをしっかり振り返り、自分自身を見つめ直すことが必要だろう。そこから、自分にしかできない、独自のＦＰビジネスというのが生まれてくるはずだ。

どんな仕事であっても、自分の生き方や考え方に根づいた真摯なサービスができれば、きっとお客様からも感動され感謝され信頼される仕事をしていくことができる。自分がどんな生き方をしてきたのか、どんな思いで今の仕事をしているのか、お客様に話せるようであってほしい。そして、自分自身の夢を実現していただきたいいと思う。本書がその一躍を担えるなら、これに喜びはない。

２０１３年６月

北島祐治

『ファイナンシャル・プランナーで独立・開業する法』目次

chapter 3 どこに、ＦＰが活躍できる場があるのか？

chapter 4
法人をターゲットにしよう

chapter 5 法人提携はこうして勝ち取ろう

chapter 6 ＦＰ独特の集客方法

装丁／達　由則
本文ＤＴＰ／エムツーデザイン

chapter 1

FPでも年収1000万円は難しくない

ＦＰは、人生のさまざまなシーンで必要とされる重要な資格

ファイナンシャル・プランナー（以下ＦＰ）とは、ひと言で言うと顧客の人生の夢や目標をかなえるため、家庭（ときには法人）の収入や支出、資産や負債、家族（法人の場合には従業員）構成、そして「お金」や「生活」に対する価値観や考え方などをヒアリングし、それぞれの生活設計に合わせて、資産形成のアドバイスをする仕事である。簡単な言い方をすれば、〝お金のコンサルティング〟ということである。

現在のＦＰの働き方は、主に二つに大別することができる。ひとつは、特定の企業に属さず、家計の管理方法や住宅や教育・老後資金の貯め方、住宅ローンの借り方・上手な返し方、保険の効果的な加入法、資産運用、相続・事業承継など、顧客が抱える経済的な問題に対してアドバイスや提案を行なう「独立系ＦＰ」と言われるＦＰ。

この場合は、コンサルフィー（相談料・顧問料）やコミッション（複数社の金融商品の取扱手数料）、原稿の執筆や講演・セミナーにおける報酬などが主な収入源となる。また、会計士や税理士、社会保険労務士、司法書士などの士業が、各専門分野に特化させる形でＦＰ資格を活かして業務を行なっている場合も多い。

もうひとつは、保険会社・銀行・証券会社などの金融機関や大手ハウスメーカーなどに所属

し、自社の商品を販売するうえで、顧客の購入意思決定に必要となる情報提供やアドバイスや提案を行なうＦＰである。

前者は、職業が「ＦＰ」であるのに対して、後者は「会社員」としてＦＰ資格を有していると言っていいだろう。いずれにしても、顧客サイドに立った中立公正な姿勢が求められるが、私が本書で「ＦＰとして成功し、年収１０００万円を目指そう」と、今までの経験やノウハウをお伝えしたいのは、言うまでもなく前者の「独立系ＦＰ」、もしくは「独立を目指すＦＰ」である。

ＦＰ資格が導入された際、関連団体が複数あったこともあり、現在ＦＰとして仕事をしている人の多くは、国家資格である1級・2級ファイナンシャル・プランニング技能士だったり、日本ＦＰ協会認定のＣＦＰ®・ＡＦＰ資格取得者で認定研修や実務経験を積んだ者である。

ちなみに、ＦＰ技能士が一度取得すれば、とくに継続研修の義務はなく、ずっと維持できる資格であるのに対して、ＮＰＯ法人日本ＦＰ協会認定のＣＦＰ®・ＡＦＰ資格は、2年ごとの更新が定められ、更新のためには必要な単位の継続教育を受ける義務があるなど、両者の質は異なる。協会によると、２０１２年9月1日現在の会員数はＣＦＰ®資格認定者１８５９６名であるのに対して、ＡＦＰ資格認定者は１５４５４４名となっている。

まだまだ職業としての「ＦＰ」は歴史が浅いため、これといったビジネスモデルが確立されておらず、「独立系ＦＰ」のビジネスにおいては、アイデアしだいでさまざま可能性を秘めた分野でもある。現状のＦＰが、どのように儲けているのか、一部を列挙してみよう。

・結婚・出産後の保険相談
・子どもの教育資金の運用相談
・住宅購入の資金計画や住宅ローン相談
・セカンドライフまでの資産運用相談
・相続のコンサルティング
・不動産運用相談

就職・結婚・出産・教育・住宅購入・転職・独立・リタイア（定年）など、人生のあらゆるシーンで知識や経験を活かすことができ、顧客との信頼関係を築くことができれば、ずっと付き合っていくことができ、人生の節目ごとにコンサルフィーやコミッションが期待できる、キャッシュ・ポイント（収入源）が多い仕事でもある。

また、人助けもできてやりがいがあり、そして儲ける機会が多いＦＰという仕事では、あなたも年収１０００万円を目指すことが可能となる。そして、私がそのためのノウハウを、ここで存分にお伝えしようと思う。

マーケットは無限につくれる

先にお話しした通り、ＦＰは決まったものを売るわけではないため、アイデアひとつで、マーケットは無限につくることができる。イタリア料理店で言えば、スパゲッティーをうどんの麺つゆに付けて販売するような発想もありだ。ただここで伝えたいのは、ＦＰというビジネスは、商品を売るというよりも、〝人で売る〟ものだということだ。

ＦＰが扱う金融商品は、どこでも買えるものが大半だが、その商品を売る人が信用に足る人なのかどうか？　ということがポイントとなる。

たとえば、ある喫茶店にあなたが行ってコーヒーを注文する。コーヒーは、どこでも飲むことができる。しかし、コーヒーを出す店員が、もしあなたの癇に障るような態度だったら、あなたはその店に行くだろうか？　また、逆に対応やサービスがすばらしくよければ、また飲みに行きたくなるのが人情だろう。

同じことが、ＦＰにも言える。ましてや、大切な自分のお金の相談をするわけだから、なおさらである。さらに、信念も必要だと思う。先の例で言えば、なぜコーヒーを売っているのか？この売っている人の信念や考えが大切なのだ。

たとえば、「死んだ妻がこよなく愛したコーヒーを地元の人に飲ませるために店を出した」

と聞いたら、亡くなった奥様の分もと言って、一杯でいいものを二杯頼みたくなる。信念があるかないかによって、売上げが二倍変わる可能性もあるということだ。

また、こんなことも付け加えておきたい。私がまだ会社勤めだったの頃、取引先の社長が言っていたことを思い出す。

社長「北島君、儲けるにはどうしたらいいと思う?」

北島「えっ? 人より働く?」

社長「それもある。人より、少しだけ違うことをすればいいんだよ」

北島「少しだけ違うこと?」

社長「そう。周りの人よりも少し早く納品できる。人よりもきれいにつくれる。そうすると、仕事が来るようになる。ただ、人より大きく違っていたらダメだよ。あいつ、何を言ってるんだって、変人扱いされるから」

FPの場合であれば、人よりも気遣いができるとか、人よりも知識があるなどで十分だ。信用・信念・小違、この三つを押さえておけば、つくり出したマーケットで儲けることができる。たとえば、私のことで言えば、通常の主たるマーケットの他に、こんなマーケットをつくることができる。

私は仕事柄、銀行と親しくしている。ある日、後輩ＦＰから銀行に就職したいという相談を受けた。たまたま、親しい銀行だったため、人事部に転勤した昔の担当者に電話をして、採用基準を聞いた。それを、後輩ＦＰに伝え、彼はそれを実行したところ、見事内定を得ることができた。

そのとき私は、学生に金融機関の就職対策をコンサルティングできると考えた。キャッシュポイントは後からいくらでもつくれるので気にしていないが、かなりの確率でうまくいくと考えている。

かつて、入社試験で銀行から落とされた私が、今では銀行と親しいということで、後輩を銀行に内定させることができました。こんな私が、金融機関への就職を応援します――と言えば、また新たにマーケットを創造することができる。そのマーケットから、どのようにキャッシュポイントを得るかを考えるのも一興である。

今まで生きてきた「人間力」で勝負できる

ＦＰというのは、それまでの仕事や生活を通じて培った経験や人脈などの「人間力」が、ビジネス上の勝負において、大きな比重を占める。勉強で得た知識だけで、「経験」がなければ、何を語っても薄っぺらな、重みのないものになってしまう。

たとえば私の場合、家を購入するにあたって、土地から探して注文住宅を建てたが、その際、ローンを組むために、銀行をいくつも回って話を聞きながら、自分に有利になるように話を進めた。

そのおかげで、つなぎ資金のために手形を切ったり、登記と言っても、所有権保存登記や抵当権設定登記など、いろいろな種類があることを知った。建築がはじまってからも、地鎮祭では何を準備したらいいのか、神主さんにどれくらいお金を包んだらいいのかなど、さまざまな経験をすることによって、顧客にアドバイスができるようになった。

このように、自分の「経験」のみを売りにできる商売というのは、他にはないのではないだろうか。

その当時、私は独立するつもりでいたので、知り合った銀行員とは仲よくなるよう努めていた。そして、住宅ローンのお客様を紹介する見返りに、有利な情報（たとえば、銀行の内容とか、審査はどうやって通すのか、登記や決算書はどう見るのかなど）を教えてくれるように頼み込み、その後、住宅ローン案件を紹介するたびに、信頼し合える関係を築き上げていった。

これは今、私が仕事をしていく上での大きな財産となっている。「人間力」とひと言で言ってしまったが、これまでの経験とか仕事に対する考え方、さらに仲間といった自分の周りのすべてのものが、ＦＰとしてビジネスを展開するうえでの強みとなるのである。これは、マーケットづくり＝マーケティングにも大きな影響を与える強みである。

私は独立するにあたって、会社を辞めて独立するということを、周囲の仲間や知人に話した。当然、友人や知人は、「何の仕事で独立するんだ」と聞いてきた。多くの人は、今まで勤めていた会社の仕事で、同じ業界で独立するのだろうと思っていたようだ。そこで、私は一人ひとりに、「ファイナンシャル・プランナー」という仕事で独立し、こういった思いでこうした仕事がしたいということを丁寧に説明し、なぜ独立するのかという理由も伝えた。そのおかげで、話をした相手がお客さんになってくれたり、人を紹介してくれたりして、彼らとは今でもいい関係を築いている。

今まで培ってきた人間関係（友人・知人、先輩・後輩など）が、しっかりとしたものであるほど、これからスタートするビジネスの基礎になることは間違いない。真面目に一所懸命、頑張ってきた人なら、非常にビジネスのしやすい業種だろう。

逆に言えば、人間関係を軽く扱ってきた人は、独立をしないほうがいいだろう。それは、スタート時の自分のサービスをテストしてくれる人がいないから、というだけでなく、その後のフォローの面でも、それまでの自らの行ないが悪影響をもたらすからだ。

FPは、金融商品や住宅や年金といったものが販売の主流となる。これらの商品は、お客様の人生に大きな影響を与える商品やサービスである。

私で言えば、商品は住宅だったり、住宅ローンであるのだが、これらで少しでも間違えることがあれば、お客様に大きな損害を与えかねない。

だから、お客様と常に良好な関係を保つことを意識している。そうでない人は、お客様の意図とは違う行動をとってしまう可能性が高い。自分の損害だけですめばまだいいが、周りに大きな損害を与えるような要素を持った人は、まだ独立を考えるべきではない。

まとめると、FPという仕事は、「売る商品」がなくても「自分」を売れることが、最もいいところである。これから独立を考えているなら、家族や友人を大切にし、感謝の気持ちを忘れずに日々を過ごし、仕事や生活でさまざまな経験を積むことで、「人間力」を磨く努力をしていただきたい。

そうすれば、独立したとき、事業を大きくするときなど、必ず誰かが力になってくれるはずだ。「人間力」を磨くことが独立へのファーストステップなのだ。

流行に影響されない

顧客の暮らしに関わる「衣食住」に密着した、いわゆる個人消費の根源であることが、ＦＰという職業が、流行に影響されない大きな要因である。また、顧客の収入から支出、はたまた貯蓄までを知ることができる。顧客はある意味、あなたに対して丸腰と言っていい。「顧客の財布を握ることができる」という意味で、完全に流行に影響されない仕事と言うことができる。ただ、「衣食住」に密着しているというだけでは、流行にかなり影響されてしまう。

たとえば、ファッション業界であれば、「芸能人の○○さんが着ている服」ということで流行になることもあるが、逆に、「○○が着ていたから」といった理由で売れなくなることがあることは、あまり知られていない。人気のある芸能人も、その人気がいつまで持つかわからない。流行に影響されるということは、売上げの先の見通しが立たないということだ。「衣食住」に密着しているからといって、安定した売上げが望めるわけではないのだ。

その点、ＦＰは先に述べたように、顧客に家計管理の仕方や貯蓄方法、ローンの組み方、保険の加入の仕方など、お金に関するあらゆることをアドバイスする仕事である。どんなに不景気であっても、お金をまったく使わない人はいない。むしろ不景気なときこそ、お金の賢い使い方や将来への備えに不安を抱く人が多いことも事実である。

だからこそ、お金の専門家であるＦＰのアドバイスを頼りにするのだ。ＦＰが、「顧客の財布を握っている」というのは、こういった理由からである。ＦＰは、「衣食住」をはじめとする生活に密着した仕事で、流行や景気にも左右されずにビジネスができる唯一の職業である。顧客に対してどんなアドバイスをし、どう稼ぐかは、みなさんの腕の見せ所である。

「衣」で言うなら、たとえばデザイナーと組んで、新しい洋服を買わずに、今あるものをうまく組み合わせたりリフォームすることで、「洋服」に関するコンサルティングを行ない生活費を抑える。「食」であれば、栄養士と組んで月３万円以内でその顧客に合った健康的なメニューを提案する、「住」であれば、不動産業界と組んで、返済に無理のない住宅販売のコンサルティングを行なうなど、工夫とアイデアしだいで、いろいろなビジネスが展開できる。こういったことができるのも、やはり顧客の財布を握っているからに他ならない。

デザイナーや栄養士や不動産業界など、他業種がＦＰと組みたくなるのも当たり前である。そのためには、どれだけ顧客に信用されるか、また顧客に信用されていることを提携する業態にどれだけ理解してもらえるかである。顧客の財布を握ることで、ＦＰに最大限の利益をもたらしてくれるのは、個人ではなく「法人」である。個人の財布を握っていることを強みに、大きなお金を落としてくれる法人と提携してビジネスを展開していくことができれば、ＦＰは最大限の利益が得られるだろう。

まずは、法人の信頼を得て財布の中身を知る（＝何を求めているか、という相手の消費傾向を知る）、そしてそこからどういうサービスをしていくかを考える、といった思考ができれば、事業を軌道に乗せるのも早いだろう。

私は、ＦＰの業務で最も大切で得意とするライフプランニングは、法人にとてもマッチすると考えている。法人の、今後のスケジュールやイベントに沿って収支計画等を立てていく。そして、それに応じて借入を起こすか自己資金で資金繰りをするかなど、戦略的な経営を社長と相談して決めていく。個人に対して行なっているふだんの業務を法人にするだけで、ＦＰの報酬がガラリと変わるはずだ。この業務は、流行を読むことはあっても、業務自体は流行に影響されることは少ない。

その法人と良好な関係を続け、毎月定額の報酬を得ることができる法人が複数あれば、かなり強固な収益元となる。もちろん、法人が毎年収益を得られるようにアドバイスしていく必要性はあるものの、安定収入である。

同じような業界として、税理士業界がある。やはり、この業界も顧問企業が増えれば、安定した収入が得られる。どの業界でも、よい収益構造は真似をしていくべきである。

価格は思いのままにつけても大丈夫

ＦＰの仕事は、規格商品を売るわけではないので、価格設定は自由である。電池1個１００円とか、そういったものではない。コンサルティングなので０円でもいいし、１００万円でもいい。０円をつけるのは簡単だが、１００万円といった高額なコンサル料を取るのは、どのようにするのか、と思う人がいるかもしれない。しかし、この答えは簡単である。

私の場合、「住宅」に関する仕事が多いのだが、実際、住宅購入に関するコンサルティングをする際には、個人の顧客から少なくとも20万円をいただいている。他のＦＰを見ても、住宅購入にかかる相談でこれだけのフィーを取っているＦＰは少ない。私は、当初から安い金額でやりたくなかったし、お客さんから「ありがとう」と感謝されるものにしたかった。

そこで、私は価格を設定する際、サービスの質の基準を「銀行」とした。ＦＰは「お金」に関する相談を受ける仕事である。まず、住宅購入にあたってのお金にくわしい人は誰だろうと考えたとき、最初にやはり銀行員に相談するのではないかと考えた。その銀行員の経験や知識を上回ることができれば、ある程度のお金は出してもらえるだろうと考えたのである。

「価格を決めるのは簡単」と言ったのは、周りで０円でやっている人より経験や知識があり、質の高いコンサルティングをすることができるのであれば、あとは価格設定がフリーであって、高額でも問題はないと考えているからだ。

私の場合、まず銀行員のコンサルレベルを超えるために、銀行員から知識を学んだ。知り合いの銀行員に、手取り足取り教えてもらいながら、住宅ローンの話を聞いて知識を身につけた。それだけではなく、コンサルティングのノウハウも大切だと考え、東京・大阪・仙台など、各地で住宅ローン・コンサルティングの現場に触れ、自分自身がお客となってセミナーも多数受講した。

この時期は、本当に一所懸命勉強をしたと思う。今でも、周りの関係者と情報交換をしながら、コンサルティング能力を磨いて知識や経験の向上に努めている。

話は少しずれるが、コンサルティングは話し方が重要である。せっかく貴重な情報でも、レクチャーの方法が下手だと、顧客にその重要性を感じ取ってもらえなくなるからだ。だから、話す能力も鍛える必要がある。

話を戻すと、実際、仕事をこなしていると過去の嫌な思いだったり、こんな経験はしたくなかったとか、思い出したくない失敗談があるほど、コンサルの現場では重宝がられると感じる。だから、経験を積むほど、その失敗事例を欲しがる。言い方は悪いが、顧客の足元を見ることができるというか、顧客が何を知りたいか何を欲しているかが察知できるようになり、高額なコンサル料を支払っていただけるようになるからである。

みなさんも、ＦＰの仕事をはじめるにあたっては、銀行や保険ショップ、証券会社、不動産屋などに、お客のふりをして足を運んでコンサルテイングを受け、サービスを学んでくることも大切である。そのうえで、顧客サイドから「ここがもっと知りたかった」「ここは、もっとこうだったらよかった」という部分を、自分で付加価値として取り入れるのだ。それを繰り返しながら、コンサルティング能力の向上に努めていただきたい。

また、銀行、保険会社、証券会社、不動産屋など、金融機関の人は「会社員」であって、会社員の多くは、自社の商品やサービスのことしか興味がなかったり、くわしくないことが少なくない。他社の商品やサービスについては、ほとんど知らないことも多いので、2社でも3社でもいいから、複数社のいろいろな商品に精通しているだけで、他と大きな差をつけることができるのである。

金融機関の社員がどんな知識を持ち、どういった接客をしているかを知ることも、自分のコンサル能力向上のためには大切なことである。そこからさらにそれを上回る知識と経験を得て、オリジナルのコンサルティング・サービスを展開することができれば、多少高額とも思えるコンサル料をいただくことも可能になる。

さらにもっと料金を高くしたければ、血ヘドを吐くような嫌な経験をするべきだろう。そんな経験を欲しがる人も実は多くて、その価値にお金を支払っていただけるからだ。

独立2年目の収入を紹介

では、実際に私はどのようにして収入を得たのか、についてご紹介したい。独立1年目は、12月までに稼働した月数は3ヶ月くらいだったので、2年目をご紹介する。次ページの表を見ていただいてわかるように、法人からの収入が約8割である。残りの約2割が個人からの収入である。なぜ、このような内訳になったかというと、私も当初は、ご多聞に漏れず個人のお客さんに保険や投信などを売っていた。

ただ、紹介を受けたりしながら保険や投信を売っても、食べていくには少し厳しいと感じたからだ。1件契約を取るまでには、時間もかかるし手間もかかる。これだけ労力をかけても、たったこれだけの収入かと、少々がっかりしてしまった。

そこで、どうしようかと考えたとき、会社員時代に法人営業をしていたことを思い出し、法人営業にそれほど抵抗もなかったので、マーケットを法人にしようと思い立ったのである。今思うと、当時の営業方法は決して上手なものではなかったが、「こういった思いでこんな仕事をしている」と紹介してもらったり、異業種交流会などにも積極的に参加した。

もちろん、それだけでは十分ではなかったので、飛び込み営業もしたしテレアポもした。

独立2年目の収入

	1月	2月	3月	4月	5月	6月	7月	8月	9月	10月	11月	12月	合計
売上合計	1,229,717	1,336,095	766,470	630,425	727,500	1,091,987	1,279,607	927,317	642,863	906,777	1,160,457	907,936	11,607,151
A社	330,000	185,775	240,000	380,425	340,000	551,987	348,850	270,000	290,000	460,000	347,250	439,900	4,184,187
B社	150,000	150,000	150,000	150,000	150,000	150,000	200,000	150,000	150,000	138,500	135,800	188,500	1,862,800
C社	100,000	100,000	100,000	100,000	100,000	100,000	100,000	100,000	100,000	100,000	100,000	100,000	1,200,000
D社	30,000	15,000	15,000		15,000	120,000	45,000			75,000	15,000	45,000	375,000
E社		400,000			50,000	50,000	50,000	50,000	50,000	50,000	50,000	50,000	8000,000
F社					72,500	20,000	20,000	20,000	20,000	20,000	20,000	20,000	212,500
G社										50,000	50,000	50,000	150,000
H社	78,217										235,000		313,217
個人客	541,500	485,320	261,470			100,000	515,757	337,317	32,863	13,277	207,407	14,536	2,509,447

当時の飛び込みやテレアポは、今に比べるとずっと成功率は低かったけれど、もの珍しさもあったのか、話を聞いて利用してくれる人もいた。

私は、一度付き合うと関係を長く続けるのが得意で、当時取引先になってくれた法人とは、いまだに何らかの付き合いがある。

私の場合は、売上げを立てるのにチラシを配ったり広告を打ったりということは一切しなかった。独立当初は広告に使うお金もなかったため、コストはかけないと決めていたからだ。

その努力のかいもあってか、2年目は安定した収入を得ることができ、会社員時代を上回ることができたので安心したことを今でも覚えている。会社員時代の頑張りと、独立してからの頑張り方の密度というか重み（会社員時代にも、それなりに頑張っていたが）は、まったく違っていたと感じる。

その努力の見返りである報酬は、まったく桁の違うものだった。当時の会社が歩合制ではなかったこともあり、独立してからは1件取引先が決まるだけで収入に大きくはね返ってくるのをひしひしと感じることができ、楽しくてたまらなかった。

同時に、個人のお客さんも紹介で少しずつ増え、丁寧な対応をすることで、こちらも着実に増やしていくことができた。ただ、法人ほど力は入れなかったので、月によってはまったく個人の顧客からの収入がなかったこともあった。

この2年目で得られたことは大きい。今まで知らなかったことを、いろいろと知ることができた。法人客と多く接することで、いろいろな会社を外から客観的に見ることができた。普通であれば、それほど見る機会もない企業の決算書も数多く見ることができた。

いろいろな会社の数字を見比べていたため、財務体質のいい会社・悪い会社がしだいにわかるようになってきた。付き合った会社の中には、後に倒産する会社も出てきたが、私も胃の痛い思いをしながら一緒に手続きなどを手伝うことで、「企業の倒産の方法」というのも学ぶことができた。また、倒産する会社にならないためには、どうしたらいいのかも知ることができた。そのような、私の知識や経験を欲しがる会社が出てくるのだから不思議なものだ。

この2年目は、とにかく学びながら行動に移した時期だった。あの2年目の経験があったからこそ、今の自分があるのではないかとすら思っている。

成功したFPの事例

1. FP事務所「お財布救急隊」／代表　宮本久史氏

私は、当時経営していた弁当屋の廃業を決めた。次は、人を雇わず在庫を持たない仕事がいいと考えたとき、25歳で取得していたFPの資格を活かそうと決意した。とくに、FPになりたいと考えての開業ではなかった。金融機関勤務経験もなく、FPと言っても何をしたらいいのかわからず、とりあえず保険の見直し相談からはじめようと、保険会社の代理店になった。

最初は無料相談からはじめ、「もし見直しの必要があれば、保険の取り扱いもしているので実行援助までします。その場合は、私が保険会社からコミッションをいただくことになります」ということで収入としていった。

集客は当初、友人や知人への電話営業からはじめたが、その数にも限りがあり、チラシやミニコミ誌への広告など試行錯誤した。1万枚のチラシを撒いても、反響がまったくないとか、折込広告を何万枚も入れても効果がないなど、何度も失敗を繰り返した。そうしながら、少しずつ広告の精度を高めていき、ミニコミ誌の記事広告で小冊子を請求してもらい、そこから個別相談につなげることで集客の方向性を見出した。

最終的にこの小冊子の請求が70～80件あり、そのうちの1割程度と面談し、6、7件が保険の見直しにつながって、「この方法で、興味のある人を集められる」ということがわかった。ただ、この方法もいつまでも続かないだろうと、1年くらいたってＨＰを立ち上げた。とくに意識したのは、「この人に相談したい」と思わせるページづくりだった。１００人いたら１００人に好かれなくてもいいから、自分の仕事に対する考え方や価値観を理解し、それに共鳴する人が相談に来てくれればいい、と割り切って考えたのである。

こうして新規の相談が、毎月７、８件入ってくるようになり、私という人間を信頼して保険に加入してくれる人も順調に増えて、今では４００世帯近くの顧客を抱えている。

現在は、新規顧客よりも既存顧客へのニュースレターなどによる情報提供を通じた、追加の相談や紹介が多く、取扱商品も投信などの金融商品、住宅ローンにまで幅を広げている。

2. 株式会社スタイルシステム／代表　徳本友一郎氏

独立は、幼少の頃からの夢だった。大学卒業後、就職するにあたって不動産業界を選んだので、10年たったら独立しようとは考えていたが、30歳を過ぎた頃、ＦＰという資格に出会ったことが大きかった。当時、不動産仲介業からの独立というと、仲間や部下を数人引き連れて辞めて、同じような会社を興すというのが一般的なスタイルだったが、それと同じやり方ではなく、新たな展開をしたいと考えたのだ。ＦＰ資格を持っていれば、お客様が土地や家を買うときだけのお付き合いではなく、もっとずっと長いお付き合いができると直感した。

ＦＰと不動産仲介の融合を目指したが、まだそれだけでは足りないと思っていた頃、住宅調査（ホーム・インスペクション）という概念も知り、従来のきちんと定義されていない「仲介手数料」を得る商売から、仲介する物件の情報提供、現地でのアドバイス、調査、ローンづけ、契約全般の手続き、さらにアフターフォローとして保険の取り扱いや資産運用など、ＦＰとしてできる最大限のサービスをして、そのサービスの報酬であるフィー＝「仲介手数料」をいただくビジネスを考えた。

不動産業は、もともと広告にお金をかける業界で、広告を打たなければお客が来ないというのが定説だが、そこをあえて「お金をかけない」「継続してご紹介をいただく」「企業の福利厚生として使っていただく」という方法で事業を拡大した。企業の福利厚生部門とかグループ会社で住宅購入の窓口となっているところは、従業員からのクレームを心配している。

そこに目をつけて、今までの不動産業とは違った、ＦＰとしての不動産や住宅ローンの知識、また住宅調査のスキルなどをアピールし、法人顧客を開拓してきた。営業や紹介で得た新しい人脈や縁は大切にし、自分がしたいこと、目標にしていることは積極的に口にする。それに手を貸してくれる人、手伝ってくれる人が必ず現われるからだ。

自分の目標は、「最先端のまちばの不動産屋」というものである。不動産の売買だけでなく、住宅に関するさまざまな知識・スキルを持って店にいる。そこから、地域の活性化・コミュニケーションが図れるような存在になりたい。

chapter

2

大半のＦＰの現状

企業内ＦＰと独立ＦＰと独立を目指すＦＰ

企業内ＦＰ、独立ＦＰ、独立を目指すＦＰと、ＦＰを三つに分類した場合の、企業内ＦＰから解説していくことにしよう。

主に銀行、保険、証券、不動産などといった業種に勤務するＦＰを企業内ＦＰと言い、ＦＰ資格は、これらの業種で仕事をしていくためにはかなり有効なものである。自社の商品を販売するにあたって、ＦＰ業務から顧客のニーズを引き出して商品提供につなげる方法をとることが多く、どの業種であってもどの商品を販売するのであっても、大切なのは顧客のニーズやウォンツをしっかり把握することである。

ＦＰの知識やそれに基づいた相談のテクニックを用いることで、顧客自身が気づいていない潜在的なニーズやウォンツを導き出すこともできる。

ここで大切なことは、顧客が欲しいと思うものをそのまま売ればいいのではなく、きちんとヒアリングをして、将来にわたってその商品が必要なのか、役に立つのかという判断をする能力が必要ということだ。こういったことから、金融機関や関連する業種では多くのＦＰを求めているし、会社内でもＦＰ資格を取るように奨励している。

次に、独立を目指すＦＰについてである。独立を目指すＦＰにまず話しておきたいことは、

「バットを振る」ということである。何を言っているのだと思われるかもしれないが、これは「実務をこなす」ということだ。まずは、無料でもいいから周囲の人や紹介してもらった人にアプローチして、ＦＰのサービスを提供したらいいだろう。そのうちに、どこかで壁にぶち当たるかもしれない。そんなとき、自分でそれを乗り越える努力も必要だし、指導し、手を貸してくれる先生や師匠と呼べる人が現われるかもしれない。

そういった人たちから、知恵や意見をもらいながら、自分で苦労をして経験を積み重ねていくことで、現場で余裕を持って対応ができるようになる。

「バットを振る」「素振りをする」というのは、現場に何回も立つということである。たとえイチロー選手であっても、一度も素振りをすることなくヒットが打てるわけではない。念入りに素振りを繰り返し、ヒットのイメージを描きながらバットを振っている。これとまったく同じことなのだ。相談を受ける前から、相談のやり取りをイメージして、何度もバットを振ってみる。こういったことが大切である。

それに加えて、自分自身がコンサルティングを受けることも悪いことではない。ただし、コンサルティングをただ受ければいいというわけではなく、いいコンサルタントと悪いコンサルタントを見極めることが重要だ。

本当にいいコンサルタントにめぐり合うことができると、会いたい人を紹介してもらえる可能性が高くなる。自分がコンサルティングをしているクライアントを紹介してくれて、直接ビジネスになるケースも大いにあり得る。ＦＰとしてのビジネスのスタートにあたって、自分のビジネス展開にプラスとなる、いいコンサルタントにめぐり合えるかどうか。そういった視点で、コンサルティングを受けるのはいいことである。

最後に、すでに独立しているＦＰについて。現状では、多くの独立ＦＰは保険などの商品を扱っているケースが多い。商品を売るわけだから、個人客の集客は何よりも大きな課題となる。実際、多くの独立ＦＰはインターネットを使った集客に力を入れている。

ただ、ネットでの集客もそう誰もがうまくいく、というわけではなく、なかには保険商品比較サイトのようなサービスに問い合わせが来た案件を、お金を出して買っているＦＰも多いと聞く。

それも、たしかに集客のひとつの手段ではあるのだが、私はＦＰが保険を扱うビジネスのおこぼれにあずかっているように思えてならない。このような方法で、自分が思い描くビジネスができるのだろうか。ビジネスをするのであれば、自分主導で切り開いていくのでなければ意味がない。他にも、ＦＰ会社に所属し、そこからもらう案件だけを期待して待っているとか、自分からは積極的に動かず、儲かりそうな話を待っているＦＰが多いような気がしてならない。多くのＦＰが、自分から行動できるようになっていただきたい。

大半のＦＰの夢

私は、いつも気になることがある。ＦＰの方が、ホームページなどで紹介しているご自身のプロフィールで、「ＦＰとして、お客様の夢をかなえるお手伝いがしたい」と謳っていることがあるが、それではそのために具体的に何ができるのか、いまひとつはっきりわからない。ただ単に、「何でもいいから仕事をくれ」と言っているように感じてしまうのだ。

私は仕事柄、求人募集で来ていただいた方の面接をすることがある。おおかたの人の履歴書にはこう書かれている。「前職で接客をしていたので、コミュニケーション能力があります」といった内容である。これでは、書かれている内容がぼやけ過ぎている。もう少しだけ、具体的にしてもらいたい。

たとえば、ＦＰのアドバイスによって世帯の収入を増やすことができるのか、あるいは支出の無駄を見直して家計をスリム化できるのか、はたまた運用により資産を増やすことができるのか、そういった具体的な目標もないのに、「夢をかなえる」とか「その人らしく生きられるお手伝いをする」と言っても、あまりにも教科書通りで心に響いてこないのだ。最低でも、このラインのポリシーは載せていただきたい。

自分の今までの生い立ちとか、前章でも書いた「人間力」とか、そういった部分で勝負しなければならないにもかかわらず、まったくそれが見えてこない。今まで、どのような生き方をしてきたのか、何をしてきたのか、自分がどのような人間なのかといったことを具体的に示して、「だから、あなたのお力になれるのですよ」「あなたの夢の、この部分をかなえてあげられますよ」と書くべきである。

また、多くのFPが相談メニューにしている、「ライフプラン相談」や「保険の見直し相談」。それが、はたして顧客の夢をかなえることができるものなのかどうか。ライフプランを立てることができれば、あるいは保険の見直しをすれば、顧客の夢がかなうのか。そんな仰々しいものなのか？　そこまで立派なのか？　私は、常々不思議に思っている。多くのFPのライフプランも、保険を販売したいための落とし込みになっている。保険の見直し相談は、保険を販売することを前提にして話を進めている。

大阪にあるFP会社BYSプランニングは、私が好きな会社のひとつだが、ここは粋なことをする会社である。保険相談に来た相手に対して、ベストだと思う保険商品なら、自社で取り扱っていない商品でも迷わず提案してくる。

私が「なぜですか？」と問うと、「それが、一番いいから」と、こともなげに答えてしまう。これが、とてもかっこよく感じる。

ここで強く言いたいことは、ホームページなどのプロフィールには、もっと深く落とし込んだ、自分の〝FPとしての夢〟を書いていただきたい。単に、「あなたの夢をかなえます」的な薄っぺらな話は不要である。多少長くなってもかまわないので、魅力的な文書を世間に広めていただきたい。

人生を振り返ってまでとても考えられない、という人がいるかもしれない。そのような人のためにヒントを与えたい。「……だから、〇〇〇したい」といった、「……」の部分に何が入るかを、しっかりと考えてほしい。

私の場合は、相続問題で苦労したからこそ、「みんなが立派な家を建てて、それをずっと守っていくという夢をかなえてほしい。だから、その力になれるＦＰになりたい」と考えた。みなさんも、ＦＰとして「誰の、どんな夢の実現の役に立ちたいのか」まで深く落とし込んで考えて、プロフィールをつくっていただきたい。

会社のポリシーが決まってから、モノやお金に対する夢を決めればいい。有名なコンサルタントは、物欲を満たしてから会社の方針やポリシーを決めるべきである、と教えてくれたが、私はそうしたおかげで失敗をしたことがある。付き合いたくないお客と、お金のためと思って取引をして嫌な思いをした。

これも、気持ちがしっかりしていなかったからだ。ポリシーをしっかりしていれば嫌な思いもなく、ストレスなく仕事に打ち込めただろう。

大半のＦＰのお客の集め方

おそらく、ほとんどのＦＰが、集客をホームページで行なっていることと思う。それに加えて、既存顧客からの紹介などが、メインの集客法なのではないだろうか。さらに、集客できている会社や先輩ＦＰから、おこぼれをもらうということも少なくないだろう。

私の考え方だが、ＦＰのビジネスとは、Ｗｅｂはまたひとつの別のビジネスだと考えているので、私はまだ手をつけていない。ＦＰのビジネスとは違った別の領域の、しっかり学んでから取りかかりたいビジネスなので、私は現在のところはまだ勉強中である。

なかには、「ブログぐらいやっておけば？」と言う人もいる。たしかに、今どきやっていない人のほうが珍しいのかもしれないが、安易に安っぽいものをつくる気はしないので、私はホームページも持っていないしブログもやっていない。

フェイスブックに関しては、仲間内でアカウントをつくらなくてはならないと約束してしまったのでやりはじめ、ＦＰとはまた別の、海外展開している事業のほうで活用している。ただ、こちらでも写真を載せたり記事を書いたりといった、集客を狙うことは一切していない。

開設してから、ほとんど手をつけていないが、輸出関連の事業をしているので、そちらのホームページに誘導するなどして活用している。

新規顧客紹介に関しては、誰でも既存顧客からの紹介を期待するものだし、お金をかけずに集客ができる効果的なマーケティング方法であるため、どんどん取り入れるべきである。

私は、どちらかというと、「どなたか、お知り合いを紹介してください」と積極的に声をかけるほうだ。おそらく、みなさんが想像する以上にしつこく「そこまで言うか？」というほどお願いしているかもしれない。

実は、紹介を依頼する立場からすると、「これ以上、しつこく言ったらまずいのではないか、嫌がられるのではないか」と躊躇するくらいでも、意外と言われるほうは気にしていないものなのだ。だから、もっと積極的に「紹介して欲しいアピール」をしてもいいだろう。

紹介を生むか生まないかの大きな差は、その顧客との接点が多いか少ないかに左右される。保険を1回売って、その後保険料を払ってもらうだけの関係では紹介は生まれない。

できれば、ときどき顔を合わせて話をしたり、食事をするといった関係を築くのが理想だが、すべての顧客とそういった付き合いをすることは難しい。そこで多くの人は、ニュースレターなどのツールを使う。私はどちらかというと、ニュースレターよりはがきや電話、あるいは、近くに行ったときには立ち寄ってみるなどのアナログ派だ。

こういったことを、少しずつでも積み重ねていくことが、紹介をいただくためには大切なことである。

私は、決してニュースレターを否定しているわけではない。私の場合は、書くことよりも相手の表情や反応を見ながら話をすることのほうが好きなので、直接会ったり電話をしたりというコミュニケーション方法をとっている。

どんな形であっても、自分がやりやすい方法で顧客との契約後のコミュニケーションを絶やさずにとっていくことで、その後の紹介を生む可能性を高めることができるのだ。

顧客といっても、法人客、個人客がいるが、個人客に関してはやはり特別に気をかけているので、紹介をいただける確率は高い。こうしたことから、顧客とのコミュニケーションは大切にするべきだと考えている。

独立当初は集客も難しく、先輩ＦＰの仕事の下請けもやむを得ない。勉強にもなるので、最初のうちはやってみてもいい。しかし、それはあくまでも野球でいう、「素振り」にしていただきたい。

下請け仕事は、経験やノウハウを生み出すものだが、それだけでビジネスを行なうことはよくない。あくまでも、ビジネスは自分が主導で行なっていくものなので、いつまでも仕事を回してもらうのではなく、自分で切り拓いて仕事が取れるような力を身につけていただきたい。最初は少しずつでいいから、自力で集客してみて欲しい。それができるようになる頃には、営業力、マーケティング能力が成長し、ライバルにも差をつけているはずだ。

これでいいのか？　ＦＰのコンサルティング

多くのＦＰのコンサルティングを見ていると、「残念だなあ」と思うことが多い。いかにも、教科書通りの知識優先だったり、その知識も、インターネットを利用すれば誰にでも調べられることである気がしてならない。それを「コンサルティング」と言うことは、私はどうしても、ＦＰとしてのプライドが許さない。

たとえば、保険に関して言えば、必要保障額がいくらとか生涯賃金がいくらとか年金がいくらもらえるなどは、いくらでもネット上で試算することができる。住宅ローンで言えば、繰上げ返済で早めに返しましょうとか、繰上げするなら期間短縮型のほうが利息軽減の効果が高いとか、資産運用であれば株式や投信は分散投資がいいとか、言っていることは間違いではないのだが、はたしてそれがコンサルティングなのか？

たとえるなら、青信号を渡るときに「たとえ青信号でも、右を見て左を見て、もう1回右を見て渡れば安全でいいですよ」とアドバイスをしているのと大差がないような気がする。

要は、「当たり前だ」というアドバイスや、誰もが少し勉強すればわかりそうなことをアドバイスをしてお金をいただくのは、いかがなものかと思うのだ。

もしコンサルティングでお金をいただくのであれば、お客さんが「お金を払ってもいい」と思える情報を与えなければならない。ＦＰとは関係ない分野でのたとえになるが、ホームページへのアクセス数がまったくなく、あったとしてもせいぜい2、3件で、もっとアクセス数を増やしたいと思っている人であれば、「ホームページへのアクセスを３００にする方法」といった情報なら、お金を払ってでも欲しいと思うはずだ。

「口臭が1分で消える方法を教えます」と言われれば、日頃口臭で悩んでいる人だったら、手頃な金額でその方法を教えてもらえるのであれば、「払ってもいいかな」と思うに違いない。「3日で3キロやせる方法」などと広告されていれば、私でさえ手を上げたくなるようなテーマである。

このように、ＦＰが行なうコンサルティングであれば、人がお金を払ってでも手に入れたいと思う情報をふんだんにちりばめていかなければならない。

それでは、実際どのような情報を取り入れていけばいいのか、また顧客が、具体的にどんな情報を欲しているかということだが、ヒントをひとつ上げておきたい。

たとえば、人の悩みや痛み、苦しみを解決する方法というものが、お金をいただける情報である。この悩みや痛みを解決する方法を提供するやり方は、マーケティングにも生きてくる。

多くのＦＰがアピールしている、「あなたにぴったりの保険を選びます、見直します」というのは決して間違っているわけではない。ただ、私に言わせるとまったくインパクトがないのだ。みんなが、どこでも同じようなことを言っている。

先ほど三つの例を挙げたが、どれも人の悩み、痛み、苦しみを解決している。「ホームページにアクセス３００」というのは、ホームページにアクセスがない人の悩みを解決する。「口臭が1分で消える」というのは口臭で悩んでいる人の、「3日で3キロやせる」というのは、早く痩せたいという人の思いにストレートに届いているからこそ、お金を払ってもいいから話を聞きたいといった行動を起こさせるのだ。

繰り返しになるが、相手の気持ちにまっすぐ届く情報（一生尽きることのない人間の本能に根ざした悩みや痛みを解決する方法）を、ふんだんにコンサルティングに取り入れていけば、その価値は上がっていくはずだ。つまり、なるべくエッジを尖らせていくということである。

私の場合は、住宅ローンのコンサルが多いのだが、このテクニックを武器に顧客をしっかりとつかまえに行っている。あなたも、これからＦＰとしてコンサルティングを行なうにあたっては、他人がお金を払ってでも欲しいと思う情報を提供することで、高額なコンサル料が稼げるようになるはずだ。

みんな、保険を月どのくらい売っているのか？

これは私独自の調査であり、わかりやすく伝えるために簡略的に述べるが、ダメなＦＰ、売れていないＦＰというのは月に１件も契約が取れていない、あるいは１件も保険の加入や見直しの相談ができていないというのが現状のようだ。こうしたＦＰは、３ヶ月に１回案件を回してもらって、その１件をどうにか契約に持ち込み、年に４件ほどの収入を得ている。

調べてみて驚いたのだが、コンスタントに毎月１件相談案件が入るというのは、まだいいほうだということだ。月に１件も案件が取れないというのであれば、まだ独立しないほうがいい。次の機会を狙って、もう少し力をつけることが最優先である。

厳しいことを言うようだが、自分のためにも周りの人のためにも、もっと力をつけなくてはならない。この場合の力とは、集客力と営業力のことである。

周りから見て、「まあまあ、頑張っているな」といったレベルのＦＰだと、月に2、3世帯の相談案件をこなしているようだ。保険の新規加入や見直しの案件であれば、１世帯あたり3～4件の契約が得られるので、月の契約本数でいくと10件前後になるだろう。そのくらいになると、周りも一目置くくらいの存在となることができる。年間36件くらいの見直しをして、120件くらいの契約本数を獲得して、２年目で月収20万円未満くらいの収入となっている。

これには、私も正直「2、3件でいいのか」と驚いた。2、3件でいいなら、何と楽な商売なのだろう。ただ、売れているＦＰと言っても、波はあるだろうからゼロという月もあるだろう。私に言わせれば、その程度で「頑張っている」と評価されるなら楽な商売だ。彼らが、どういった集客をしているのかというと、ホームページももちろんだが、既存顧客からの紹介を意識して行なっている点が共通している。既存客に紹介してもらえるように、いろいろな工夫をしている。

たとえば、今回サービスや契約をいただいたお客様からは、必ず他の誰かを紹介いただくような仕組みを持っている。調査した結果からは、積極的に仕掛けている印象を受けた。毎月2、3案件こなしているとはいえ、広告などにコストをかけるのは厳しいだろう。

したがって、低コストで集客できる方法を考えると、「紹介をしてもらう」というのはやはり最も現実的であり、ここに力を入れるというのは筋の通った話である。

逆に、ホームページからは年に3～4件だそうだ。もちろん、地域性というのはあるようだが、関東圏での調査なので、地方ではもう少し数字は落ちるだろう。

やはり、ここでもホームページよりもアナログ的な顧客とのコミュニケーションを通して、紹介という形の集客を重要視しているＦＰのほうが、結果が伴ってきているのではないかと思われる。あとは精神論的な話になるが、彼らはＦＰとしてのプライドをしっかりと高く持ち、仕事に対するやる気や意欲が非常に高い。保険に限らず、運用商品やローンなど、販売できる商品やサービスをどんどん売っている。

また、それらを増やしていくことにも貪欲である。さらに、サービス圏外のお客様にも熱心にアプローチして結果を出している。

うまくいかないＦＰはその逆で、前向きな姿勢を持つことができていない、人とのつながりを広げていくことができない、仕事に幅が持てない、と言える。ホームページだけに頼っていて、１回商品を販売したらそれで終わりで、アフターフォローができていない。紹介を依頼したり、他のサービスへの展開もしていない。そのような特徴が見て取れるのだ。

先ほども述べた通り、このような姿勢ならば、独立はやめたほうがいい。なぜなら、独立しても、途中で経済的な問題で続けていけないことになり、顧客となってくれた人に迷惑をかけることになるし、応援してくれた人も残念な気持ちにさせてしまう。そんな状態で独立するくらいなら、もっと自分に力をつけて、周りのライバルを押し出すくらい力を貯めてから出て行くことが大切だろう。

頭のいいＦＰは儲からない

本当に頭のいい方はうまくいっているのかもしれないが、中途半端にマーケティングの勉強をしたＦＰについての話である。先ほどから述べているが、大半のＦＰは、ホームページだけに頼っている。私が思うに、ホームページを含むインターネットやＷｅｂの世界は、ＦＰのビジネスとはまた違った領域のひとつであり、別のビジネスノウハウが必要になってくる。

たとえるなら、普通車の運転免許証を取得したからといって、フォークリフトを操縦できるわけではない。要は、まったく別の技術が必要なのだ。私から見たら、「運転免許証を取った！」という人がフォークリフトを乗り回しているのだから、危なくて仕方がない。

私の中では、ＦＰビジネスの他に、もうひとつビジネスをやるようなイメージなのだ。ホームページを作成するということは、新たなビジネスをもうひとつ立ち上げるようなもので、ＦＰビジネスに専念したいからこそ、私はアナログ的なビジネス展開にこだわっている。

Ｗｅｂを利用したＦＰの事業展開をしている人で、たとえば1日5回ブログを更新して集客につなげようとしている人がいるが、反応があるのは月に1件というのを聞くと、「あー、よく頑張っているね」としか言いようがない。それが、集客に効果を上げていると言えるかどうか、よく考えていただきたい。

インターネットでの広告、PRというのは、あくまでも他人の媒体を利用するものだ。ホームページやブログを提供する会社が、もうサービスをやめるといったら、その場でやめなくてはならなくなってしまう。正直言って、とても不安定な媒体であり、それひとつに頼るのは非常に危険と言えるだろう。

私も現在、ホームページやインターネットについては勉強していて、そのうち立ち上げていこうと思っているが、ここから集客していきたいのであれば、アナログ的にリンクを増していくという方法も悪くはないだろう。

たとえば、友達がブログでたくさんの読者を持っているのであれば、そこで自分のホームページを紹介してもらうとか、そういう自分の知名度をネットの力を借りて広げる努力をすればいい。それを、ただひたすら1日5回ブログに記事をアップするというのは少しピントがずれていると言っていいだろう。

他に、頭のいいFPの特徴は、よい企画やサービスはたくさん出してくる。ただ、実際に行動するかどうかというと、99%の人は行動が伴わない。言っていることは立派だが、どこか的外れなことが多い。身近な人から聞いた話だが、その人がある有名FP会社に所属し、その会社の名称を名刺に入れて自分の肩書きにするのは、ブランド力のためだと言うのだ。私から言わせると、ピントがずれているどころか、的とは逆を向いていると言っていいほどだ。

FP会社で、一般の方に対してブランド力を持っている会社は、まだないと言っていいだろう。ブランドというのは、シャネルとかルイ・ヴィトンなど、誰が聞いても知っているほどの知名度や存在感のある会社が「ブランド力がある」と思うのだが、それほど影響力のあるＦＰ会社というのがあるとは言い難い。

また、頭のいいＦＰは教科書通りの知識をもって話したりコンサルすることは得意だ。教科書通りだから、決して間違っているわけではない。

ただ、そのような情報は、今やネットで調べればいくらでも出てくる。そして、一般の方たちが求めているのは、そういったどこにでもある情報ではないのだ。

ほとんどのＦＰは、頭でっかちで行動ができていない。まずは行動し、そこから学んだりすることが、本当の知識ではないだろうか。仮説を立てて行動し、出た結果というのは、教科書には載っていない結果である。その結果から得た経験をビジネスにつなげる。たったこれだけのことができていないＦＰが本当に多い。

下手に考えすぎて、「あれはダメだ、これもダメだ」とマイナス思考になるのではなく、せっかく考えた企画やサービスであれば積極的に行動し、そこから結果を得て、その経験をもとにビジネスを立ち上げていく。そんなフレキシブルなビジネス展開ができるのも、ＦＰの魅力だろう。

chapter

3

どこに、FPが活躍できる場があるのか？

提携法人の開拓について

ＦＰが、法人と提携するメリットについて、簡単に説明したいと思う。まずは、法人と提携すると、長いスパンで集客に困らなくなる。先だって話をしていただいた、株式会社スタイルシステムの徳本様（29ページ参照）のビジネススタイルも法人との提携がメインなので、毎月コンスタントに集客ができている。しかも、その集客に関してはコストがかからないという、すばらしいシステムだ。

また、クライアントを法人とすることで、個人客を顧客にするより、サービスの単価を高く設定することができる。個人客であれば、コンサルティング料金が数千円ということも多いのだが、法人であればゼロが二つ三つ多いコンサルティング料を設定することができる。したがって、事業も早い段階で安定し、うまく回るようになっていく。

デメリットとしては、仕事の単価が高い分、それ以上のメリットをクライアントに与えなくてはならないとともに、法人の下請け的存在になってしまうことがあげられる。顧客が誰であっても、そのニーズに応える誠実な姿勢は必要なのだが、高額なコンサル料をいただくことで、クライアントのニーズに応えて、ビジネス上のメリットを拡大するミッションが与えられてしまう。したがって、個人客よりも法人のほうが、その責任は重くなるのだ。

ではさっそく、その開拓方法、実際に私がやっている方法をご紹介しよう。まず、自分のターゲットとなる企業のリストアップからはじめる。一番探しやすいのはホームページだが、その他に新聞やタウン誌、タウンページなど、企業が広告を出している媒体からもリストはつくることができる。

この作業はとても大事で、接触する前から相手を調べ上げることに、時間を費やしてもいい。この作業しだいで後の契約率や仕事をいただける確率がけっこう変わってくるからだ。

リストアップした後の行動は、大きく二つに分けられるが、多くの人はまずＤＭを送る。郵送でＤＭを送るということは、相手に開封してもらうことが重要となり、開封してもらうためにボールペンなど粗品を同封したり、「節税対策で困っている方へ」「集客で困っている方へ」など、売り文句を赤字で目立つように書いてみたり、さまざまな工夫が必要となる。

しかし、開封してもらったところでアポイントが取れるわけでもなく、ＤＭ本体の文章も内容を熟慮する必要がある。

ＤＭを送る方法をとる場合は、ここから問い合わせ等、相手方からの何らかの反応をもらってアポを取り、会ってもらうという段取りになる。私の場合は、このいくつかの段階が面倒くさいので直接電話をしてしまう。ターゲットのリストアップさえうまくできていれば、10件中3～4件は会ってもらうことができるのだ。

私のところにも、よく営業の電話がかかってくるが、聞いていると「下手だなあ」と思ってしまう。営業の電話なら、「会ってみたい」と思わせなくてはならない。

この「会ってみたい」と思わせるキーワードだが、「時間を短縮する」「売上げをアップする」「コストをダウンする」というのは企業にとって非常にメリットになることなので、この三つとも、あるいは最低でもこのうちひとつでも押さえていれば、経営者の興味を引くことができ、アポイントを取ることができるだろう。

営業の電話をかけるときに私が心がけているのは、一番最初に電話に出てくれた方を大切にするということだ。たとえば、担当者でなくてもきちんと挨拶して丁寧に説明する。

まず、この電話の内容は会社にとってメリットがあると感じていただき、「トップにつないだほうがいいな」とか「決裁者に上げたほうがいいな」とか、メリットはありそうだがよくわからないから上の人に回そう、と思ってもらうことが重要だ。

いきなり、「決裁権のある方につないでください」というのはうまいやり方ではない。社長と話すことができたとき、サービスのすべてを説明してしまう必要はない。自分の特徴的な、武器となるサービスのひとつを鋭く尖らせて披露し、「もっと聞きたい」と思わせてアポを取るのがテクニックとなる。

なるべく、言葉は短く洗練させるのがいい。さらに、もう少しくわしく聞きたくなるように振ることで、「どういうことですか?」と質問を引き出し、「それは、○○だから○○で、○○なんですよ」といった回答を用意しておく。話に引き込み、「ちょっと会って、話を聞いてみてもいいかな」と思わせることが目的だ。

面談の際には（私も失敗したことがあるが）、決裁権のない人に会うのは意味がない。上の人につないでもらえればいいと思って、アポを取り一所懸命プレゼンし、その人がたとえいいと思っても、組織の一員であれば、面倒でそのままなかったことにしてしまうこともあるのだ。

やはり、社内の責任ある立場の人に会わないと、いいか悪いか付き合うか付き合わないかの判断をしてもらうことはできない。決裁権のある人に会えたら、そこで初めてサービスの内容をくわしく説明すればいい。

最初は、とにかくサービスを利用してもらわなくてはならないので、そのハードルは低くしておいたほうがいいだろう。「最初の1回は無料で結構です。その仕事ぶりを見て、よろしかったらお付き合いください」とアピールすればいいだろう。

優良な企業を、1社でもクライアントにすることができれば、やり方によってはそれだけで食べていくことができる。できれば、30社くらいの提携企業を集めて、常時仕事が回っていくような体制を整えられると安心だ。

付き合いはじめの最初の段階で、報酬や決まりごとについては、文書で取り交わしておくことで、相手先も安心感を抱いてくれるためベターである。後から、料金を吹っかけたり取り決めのない費用を請求したりといったことはない、ということをアピールするためにも、最初の取り決めは大切である。

提携法人との賢い付き合い方

私が、意識して行なっているのは、まず定期的にコンタクトを取るということである。コンタクトをとるというのは電話でもメールでもいいし、直接会いに行くのもいいと思う。もちろん一番いいのは直接会いに行くことだが、どうしても時間には限りがある。

最近ではフェイスブック（ＦＢ）というツールが出てきて、これが意外と便利だと思うのは、ＦＢをやっている企業の重役たちが多いからだ。申請をして友達になり、情報交換などができれば、有効活用ができるだろう。

このような定期的なコンタクトから、その企業が抱えている悩みや困っていること、面倒だと思っていることなど、どんな小さいことでもヒアリングし、仕事にならないような案件でも関わって解決してあげる。すぐにはお金にはならないかもしれないが、最初のうちはこういった関係性の構築が大切になってくる。

「いいですよ、困っていることがあるんですか？　今空いているから、私でよければやっておきますよ」などと言って手助けしてあげると、人は気持ちの部分で「あー、こんな面倒なことを、ただでやってもらって悪かったな。今度、何か仕事を頼まないと……」と思うものである。企業の経営者や責任者であればなおさらだ。別にそれだけを狙っているわけではないが、人は損得だけで動くものではないため、相手のためを思ってしてあげることで、仕事が来ることも、早く多くなるだろう。

「会いに行くのはいいが、何を話したらいいんだ？」という人もいるかと思うのでお話ししておく。ビジネス関係においては、ギブアンドテイクは大切なので、まずはこちらから与えなくてはならない。何が与えられるかというと、最もお金がかからないのが「情報」である。

ここで知っておくと便利だと思うのでお伝えしておくと、会社を経営してはじめての壁は、まず「売上げを上げる」ことに悩むものである。どうしたら売上げが伸びるだろうということで、他社はこんなことをして売上げがアップしたらしいとか、自分はこうしてみたらうまくいったとか、そういった情報は、会社を興してまだ日が浅い会社に喜ばれることが多い。

工務店の場合だと、フェアに参加することで見込み客を多く獲得している。参加するフェアにもよるが、小さい規模のものでも費用対効果が十分なものもある。

次に、売上げが上がってきた会社は、「人事＝人」のことで悩むことになる。そのため人事、すなわち求人の集め方、人の育て方などを知っておくといいだろう。お金をかけずに募集をしたいなら、ハローワークがいいと思うが、企業の社会保険の加入が必要だ。費用をかけてもいいのなら、タウンワークやとらばーゆなどの求人情報誌がお薦めだ。

どうしたら、いい人材が集められるのかとか、どこで広告を打つとどういう人が集まってくるのかとか、こういったことに敏感になっておくといいだろう。

また、給与の仕組みや辞めていく人への対応、入社してくる人への対応、人材育成の方法などについて、ある程度勉強しておいて自分なりの考えを持っておくのがいいだろう。

また、外部に人材育成をさせるのもいい。人材教育の外注でお薦めなのは、日本創造教育研究所で、経営者の言いたいことを代弁してくれるのでとても便利だ。

こうして、売上げについて悩みがなくなった、人事についても悩まなくなったとなると、最後に経営者というのは日本という国の将来について心配になってくるものだ。FPであれば、ここはしっかり押さえておいていただきたい。この国は、今までどうだったのか、今後どうなっていくべきなのか、などについてである。

教科書では語られていない部分を、話せるくらいは当たり前と思っていただきたい。また、経済に関する話は、勉強家の社長たちの上をいかなくてはならない。政局や今後の景気については、おおまかにでも、論理的に説明できるようにしておこう。勉強することは自身のためにもなるし、経営者の欲しい情報でもあるので学んでおいて損はない。

レアな情報や知識はストックしておき、自分の言葉で語れるようになると、クライアントから一目も二目も置かれる存在になれるだろう。

したがって、「売上アップ」「人事」「日本の将来」についてくわしくなれるように、日頃から自己投資していくべきである。こうして工務店や保険会社と提携し、仕事がもらえるようになったら、私はいちいち顧客である社長に報告するようにしている。「今日、お客様の○○さんと会ってこういう話をしました」とか、「△△さんのローンの審査を□□銀行でしてもらいました」とか、「●●さんの保険の見直しをしました」といった仕事に関しては、いちいち報告したほうがいいだろう。

なぜかと言うと、経営者というのは依頼した仕事を管理したいものだからだ。報告がないと、不安を通り越して不信感を抱かれてしまう。社長の立場で考えると、管理できない相手はだめだということになるため、こちらからはきちんと仕事の状況を報告するべきなのだ。

またもうひとつは、あなたが何も知らないうちにことがうまく進んでいた、という誤解を招かないためにも進捗のアピールはしておいたほうがいい。報告の仕方にもコツがあって、「この人に任せてよかったな」と思わせる話し方がある。「このような困難がありましたが、私のほうで処理しておきました」といった報告が、アピール報告の基本である。

アピール下手な人は、自分がしたことがすばらしいものであるにもかかわらず、〝どうでもいい活動をしてきました的〟に話してしまう。たとえるならある出来事がおこったとして、その内容を素人が話す話し方と、お笑い芸人が笑いを取るための話し方では、同じ話でも相手への伝わり方は違ってくる。また一所懸命手に尽くしてやっているということが伝わるような報告がベストである。

そして、ひとつの仕事に区切りがついたときには、「お世話になりました。ありがとうございました」の気持ちをこめて会食に誘うなど、さらに結びつきを深めるような機会を設けるのがいいだろう。取引先と仕事に対して健闘をたたえ合い、ねぎらいの気持ちを持つことで自分自身も満足感を得ることができるからだ。

工務店、ハウスメーカー、不動産業者との提携

ＦＰにとって、工務店、ハウスメーカー、不動産業者と提携できれば、両者にとってメリットが大きいと私は常々思っている。ここを狙いにいかなくてはならない。

なぜなら、誰にとってもライフプラン的に一生で一番高い買い物は「家」だからだ。ここで、お客様に賢い「家」の買い方を話すことができれば、お客様にもたいへん喜ばれる。

高価な買い物だからこそ、その金額が、「家」を購入するお客様にとって、その後の自分たちの生活にどんな影響を与えるのか、正直わからない方も多いはずだ。今日のおかずに1000円でマグロの刺身を買ったら、今月の食費は後どのくらい使えるな、くらいならもちろんわかる。その程度のことなら考えることはできても、家のような大きな金額だと聞きなれない費用が重なり、買ってからとか手続きの段階で、思っていた以上の出費だと痛感する方は少なくない。

なので、その後のやりくりについてはマグロの刺身の買い物とは違って精密さが欠けている。そこをわからせてあげるのが、ＦＰの大切な仕事なのである。それがわからずに買ってしまったのでは、その後の人生がグラグラになってしまう可能性が高い。お金の専門家であるＦＰであれば、そうならないように手助けしてあげるべきだ。

さらに、ＦＰは工務店・ハウスメーカー等と相性がいい。なぜなら、心理学的な話になるが、人間はお金の悩みがなくなると行動しやすくなる。住宅金融支援機構のデータにもあるが、住宅を購入しない理由の約8割がお金の問題ということだ。もしそれを解消することができれば、購入に踏み切る可能性は高い。今、お金がないから買えないという人に対して、ローンを借りることができて返していける、ということをシュミレーションして伝えてあげればいい。あなたなら○○○万円借りられますよ、借りてもきちんと返していけますよということを、具体的にきちんと数字で、資格を持った人間が示してあげることができれば、購入を迷っている人でも前に進みやすくなるはずだ。これが、工務店・ハウスメーカーの営業の指針にもなっていく。「このお客様は、うちで家を買っても大丈夫だ、でも、あちらのお客様はまだ待ったほうがいいな」などと、モラル的なものになると理想だ。

また、工務店の場合、家づくりに関してはスペシャリストだが、住宅ローンやローンを申請するにはどんな書類を揃えればいいのか、などの手続きについては本当に面倒くさいと思っているものだ。実は、私自身でも手間を感じるほどだ。

しかし、第三者でもあり、資格を持った人間が、その手続きをサポートしてくれるうえに客観的に「いくらなら借り入れができて、ローンが組めます。家を買っても大丈夫ですよ」ということを言ってあげれば、お客さんに対しても説得力があり、迷っているお客さんの背中をポンと押してあげることができて、工務店にとっても頼りになる営業支援となる。このように、ＦＰ

は工務店やハウスメーカーと非常に相性がいいため、お互いにＷｉｎ－Ｗｉｎの関係になれるだろう。

工務店やハウスメーカーといい関係が築けるようになってから、不動産会社との提携を検討するのがよい。なぜかと言うと、工務店と不動産会社は、ＦＰ以上に相性がよいのにもかかわらず提携関係を築いていない場合が多いからだ。

一般的に、家を買いたい人は、まず不動産屋に行ってみようという方が多く、工務店はそこからお客さんを紹介してもらうことができれば、集客の手間も省けて、売上アップにもなり、かなり楽になる。

ここでひとつ問題になるのは、不動産屋というのは物件情報の収集や扱い、仲介などについてはくわしいが、物件購入に関わるお金のことや住宅ローンのこと、また、購入後のお客さんのライフプランについて、きちんと検証できるのかというと、そうでもない点だ。私も長くやっているが、完璧だと思えた不動産会社の営業マンは１人もいない。ここに、ＦＰが関わる余地があるのだ。

不動産会社と提携するための具体的なノウハウとしては、工務店の経営者や営業マンと一緒に不動産会社を訪問するといい。ＦＰ業務を売るのではなく、住宅を売り込むのだ。「家を建てたい方がいらっしゃったら、ぜひうちをご紹介ください」などと言えば、必ず「いくらくらいで建てられるの？」と不動産会社から質問が来るから、「坪○○円くらいで建てられます」という話をする。ここで問題になるのは、不動産会社は安い建物を求めているのに対して、工務店側はよい質の建物を提供したい、という両者のギャップである。

できれば、低価格の規格住宅的な商品を持って商談をしたいところである。不動産会社というのは家を建てたいお客さんの案件というのはいくつか持っていることが多いので、「実は、こういった方がいらっしゃるんですよ」という情報をうまく引き出して、さらにFPとしてそのお客様の資金計画をきちんと立ててあげる。不動産会社にも工務店側に対しても、無理な資金計画はせずに、アドバイスができることをPRできれば、十分なアピールとなる。

実際、不動産会社の社員でもまだまだ資金計画が甘い方は多い。たとえば、家を建てるにあたっての地盤改良や建築確認の申請に、どれくらいの費用がかかるのかわかっておらず、予算に見込まない担当者もいるほどだ。このあたりにまでFPが関わっていくことができれば、活躍の余地は大いにある。正確な資金計画を立て、お客様に最適なローンを通してあげる。業者の中には、ただローンを通して資金が確保できればいいというところもあるが、そうではなく、お客様の住宅購入後の生活設計を見通した最適な住宅ローンのご提案をすることでお客様の信頼を得ることができれば、不動産会社のメリットも大きいはずだ。

そして、工務店も資金の面で（曖昧な見積もりの予算に）心配することなく、家を建てられる。こうして工務店・不動産会社両者にとってプラスになるのである。FPとしては、工務店とある程度信頼関係を築いてから不動産会社に行ったほうが、両者の仕事にとってよりメリットが大きいことを一緒に説明してもらえ、話が進みやすく提携につながる可能性も高い。

工務店・ハウスメーカーでのＦＰのポジション

工務店・ハウスメーカーの従業員のようなスタンスで、顧客の資金計画に関わるというのもいいかもしれないが、むしろ外部の人間として接客するほうがいい。なぜなら、工務店の利益とは直接関係のない（本当は関係ないとは言えないのだが）第三者が、お金の相談に客観的に乗ってくれると思ってもらったほうが、お客様にとっても安心感が増すだろう。そのため、工務店やハウスメーカーの名刺ではなく、あなた自身の名刺で対応するほうがいい。

ＦＰとして、やらなくてはならないことを挙げおこう。それは、まずお客様が住宅を購入するにあたっての不安を解消してあげることだ。将来にわたってキャッシュフロー上、何の心配もないということを検証してあげよう。

ここで疑問を持つ人がいるかもしれない。

「シミュレーションをして買ったら、ローンを払っていけなくなってしまった、という人に対して、どのように対応したらいいのか、どうアドバイスしたらいいんですか？」ということだが、そういう方には当たり前だが購入に導くようなことはしてはならない。そもそも、ローンを払っていくことかできないとか、買えたとしても後々破綻しそうな顧客に対して買わせるような行為は絶対にしてはならない。まず、住宅ローンが組めないことが多いのだが、この点をしっかり理解してくれている工務店やハウスメーカーとしか提携するべきではない。

住宅そのものが大きい金額のため、万一、無理に買わせたということでトラブルとなり損害賠償を求められれば、賠償額も大きなものになる可能性が高い。やはり、誠実に相手のことを考えた仕事をするのが肝心である。

再度確認すると、工務店・ハウスメーカーでの仕事で最初にすべきことは、顧客の不安を解消し、住宅購入・契約へ一歩前進させてあげることである。

具体的な業務としての第1歩は、まず住宅購入を検討されているお客様とアポイントを取ることだ。切り口としては、住宅ローンの組み方や購入した後に破綻しないかどうかということ、また家を買うにあたってのお金のポイントを教えるということで次のアポを取る。

たとえば、工務店が主催する見学会やセミナーの際に次回のアポイントを取ったり、見学会場であれば、相談席に着座させるということには、シビアに数字を取っている工務店の担当者が多い。その見学会場で、簡単に相談の席に座らせたり次回のアポを取ったりすると、工務店に対して非常にポイントが高い。

とくに、アポを取るというのは工務店としては非常にハードルが高いことなので、ここで3～4割の確率でアポを取れるとなれば貴重な存在がられることは間違いない。

お客さんはお金に関する知識を、どこの工務店で建てようとどこのハウスメーカーで建てようとも必ず知っておかなくてはならない。お客さんに対して、「金融知識を持っているかいないかでは、後々すごく大きな差を生んでしまうので、家を買うかどうかは別にして、一度しっかり聞いておきませんか？」といった形でアポを取るのがいいだろう。

次にするべきことは、お客様の信用を得ることである。お客様から工務店の営業マンだけでなく、ＦＰも信用を得ることが大事である。ＦＰということで信用は得やすいが、資金計画の話をするにあたっては、当然お客様の収入・支出や貯蓄、負債、家族構成や年齢など、あらゆる個人情報をうかがうことになる。早い段階で、こちらを信用してもらえないと、こういった情報は聞き出すことはできないため、信用してもらえる話術、情報を引き出す話術というものが必要になる。

そうして、腹を割って話してくれたお客様に誠実に対応していくことで、さらに信頼を深めることができるのである。ここで重要なのが、「この人がいいな」「この人じゃなきゃ嫌だな」と思ってもらえるように仕向けることである。

たとえば、「私なら、○○銀行の金利を安くしてあげられますよ」とか「家が完成したら、火災保険に加入することになりますが、建物のことも保険のこともくわしく知っているＦＰはなかなかいないですよ」など、アピールポイントはいくらでもあるはずだ。一般的な工務店の営業マンでもなく、一般的なＦＰでもなく、「私だから、こういうことができるんだ」というＰＲを精一杯して信頼を勝ち得ていただきたい。

最後はかなり重要なポイントになるが、建物を建てた後の対応だ。私は、いくつもの工務店や不動産会社を見てきているが、実際「売ったきり」という会社が多い。しかし、アフターフォローをしっかりしている工務店というのは、間違いなく儲かっているのだ。工務店が儲かる秘訣は何かと聞かれれば、「ＯＢ客のフォロー」と一番に答えるだろう。

ここで言うＯＢ客のフォローとは、具体的に言うと、毎年、ＯＢ客のみで年末にレストランを貸切って忘年会をしたり、春秋にはゴルフコンペに招待したり、ときには1件1件ＯＢ客の家に訪問して、不具合がないかどうか？　もしあれば無償で直す、などＯＢ客に対するサービスである。

要は、家を建てた後でどれだけフォローができるか、これに尽きる。老夫婦が建て主であれば、その孫のようなつもりで会いに行って世間話をしたり、「近くまで来たから寄ってみました」と顔を出したり、別にＦＰだからといって仕事に関わる話でなくてもまったくかまわないので、訪問するといいだろう。忙しいのなら、手紙を出すだけでも違う。

こうして、フォローをしていくことで紹介がもらえることもある。また、予期せぬギフトが発生することもフォローの特徴だ。私も、ＯＢ客と食事をしていたら、そのレストランオーナーから仕事を受注するという、予想外の仕事を得ることができた。

他にも、ＦＰが扱う別の案件に広がっていったりするものだから、誠意を持った対応が次のビジネスにつながっていく、と私は考えている。

工務店のかゆいところを知れ！

先ほども述べたが、まず工務店が意識して力を入れているのは見学会だ。その場で、どれくらいのお客様を席に着かせることができるか？　また、次回へのアポイントが取れるか？　である。一番の要は、お客様を話を聞く体勢に入らせることできるかどうか、ということだ。

工務店の現場見学会などで営業支援に入ることがあるが、いかに話に興味を持たせて、聞いてみようと思わせるかを意識し、まずはお金の話をすることにしている。電話でアポイントを取るのと同様に、興味を湧かせるような話し方が大切である。

もうひとつ、実際にアポを取るということも、工務店にとっては苦手なところだ。このへんがズバズバできれば、とても重宝がられるはずだ。

次につなげる話題としては、「家を建てるにあたってのお金の話というのは、知っているのと知らないのとでは大きな違いがあって、何百万から一千万といった差が出てしまいます。しっかりと知っておいたほうがいいですよ」ということで聞いてもらうのがいい。ライフプランとか、住宅ローンの審査の話などもいいだろう。こうして、もっと話を聞きたいと思わせて次のアポを取るのである。

次に、どのくらいの予算で建てるのかというヒアリングである。工務店側にしてみれば、この家だったら、このくらいの予算で建てられるといった目安は持っているので、一方的な予算で建ててしまうことは可能なのだが、逆にお客さんに「いくらくらいなら建ててくれるの？その予算でできる家を建ててあげるよ」と、予算をすり合わせる余地を持っているため、お客さんの適正な予算を算出してあげることも大切だ。

ここでは、お客さんの年収がどのくらいなのか、貯蓄はどれくらいあるかなどを聞き出すことがポイントになる。予算を決定してしまうと、その後は楽になる。

要するに、「いくら稼いでいるか」「いくら持っているか」ということである。ここをヒアリングすることで、お客さんの本気度を見極めることができる。

人によって、対応に差をつけるのは本来よくないことなのだが、営業マンであれば、「買ってくれそうな人」に対する力の入れ具合が違ってくるのは致し方ないことだ。

他に工務店のかゆい所と言えば、ローンの手続きが面倒くさいことである。正直なところ、工務店は建築のことだけに集中したいのだ。本業ではない、細かいお金のことなど、できれば考えたくはないだろう。諸経費なども見込んで建築費用を計算して、手続きをする……というのが億劫なのだ。

おまけに、準備をして近くの銀行に申し込みをしたが、審査が通らなかった、今度は別の銀行に改めて申し込まなくてはならないとなると、それだけに時間が取られてしまうことになる。こうなると本末転倒で、「家を建てるどころの話ではない！　うちは建築屋だ！」となってしまうわけだ。お客様のローンの手続きがとても面倒だ、と感じている工務店は少なくない。ただ、お客様とコンタクトを取ることは工務店も必要だと思っているため、ライフプランの話やローン手続きの話を通じて、接触回数を増やして欲しいと望んでいる。営業マンだけではなく、ＦＰにも対応してもらいながら、お客さんをつなぎ止めて欲しい、コンタクトを取って欲しいと思っているため、ここをサポートしてあげると喜んでもらえるだろう。

次にシビアな話になるが、建築中の「つなぎ融資」だ。住宅ローンはご存じの通り、家が完成してお客さんへの引渡しのタイミングでお金が工務店に入る。ただ、工務店としては資金的にそれほど余裕があるわけではないため、契約・着工・上棟・完成など、それぞれの段階で、それぞれの契約に基づいたお金がきっちりと入ると、非常に助かるわけだ。

それぞれの段階で入金される必要な融資を「つなぎ融資」と呼んでいる。これは、住宅ローンの決済を担保にお金を中間で貸す融資だ。これも手間がかかる。たとえば、「上棟は2月1日ですね。じゃあ1日に入金しておきます」と言って、きちんと段取りよくお金が入っていれば、工務店は非常に助かるに違いない。

他にも、他社の成功体験とか「こうしたらうまくいった」「最近は、こんなイベントが主流だ」などの情報、また新入社員の教育（お客様との対話法、住宅ローンの知識、消費税の知識など）についてなど、工務店が必要だと思っているところを上手にフォローしてあげて、提携に結びつけたらいいと思う。

住宅ローンの専門知識で稼ぐ

実は、「住宅ローン」というものは、銀行では花形の仕事ではなく、意外と軽視されているきらいがあるが、とても奥が深いものだ。なぜ、奥が深いのかと言うと、金利の話に尽きてしまう。金利ほど奥の深いものはないと、あなたも察することはできるだろう。まずは、金利についてしっかり学んで欲しい。

金利の話をすると、1冊の本ができるくらいになってしまうので、勉強して欲しいところだけつかもう。まずは、お金の誕生について調べて欲しい。とても面白い話が出てくると思う。さらに、FPとしてお客様との話題づくりにもなるだろう。次に、世界の大財閥はどのようにして儲けてきたのか？　これも本当に勉強になる。そして、現在の先進国の政治・経済状況についてである。この三つを調べると、長期的な金利のトレンドを読む重要な指針となる。

また、短期的なトレンドは基本的なところでインターバンク市場だとか長期国債金利など、どういうときに金利が上がったり下がったりするのかとか、そういったところを押さえることは大切である。

金利を予測するのはとても難しいが、その金利に影響を与える経済状況はもちろんだが、実は国の借入金というのも金利に影響しているということを知っておいていただきたい。

借金の多い国の金利政策と、借金の少ない国の金利政策とでは大きく違う。また逆に、国民の資産を借入が超えたら、金利はどう動くか、そういったところを見極めた話もできるようにしておいて欲しい。

ここは、非常に深いところなので、あえて明確な答えは出さないが、それぞれよく研究して自分なりの答えを持っておくといいだろう。

次はテクニカル的な話だが、お客様の住宅ローンに対する一番のニーズは、「いったい、自分はいくら借りられるのか？」ということだ。

「いくら借りられるか」の計算方法だが、まずローン電卓で１００万円借りたら月々いくら返すことになるかを計算してみる。金利２％（フラット35は固定金利で――２０１２年11月12日現在――長期20年以上で１・８％程度）で４２０回（35年）払いとして計算すると、月々の返済額は３３１３円。１年で３９７５６円支払うことになる。これを基準として話していくと、年収５００万円の方が返済負担率35％まで借りられるとすると、返済額は年間１７５万円。年間１７５万円までの支払額なら借り入れＯＫということだ。借入額１７５万円を金利２％、35年払いで１００万円借りた場合の年間返済額３９７５６円で割ると、44・02。これに１００万をかけた４４０２万円が（利息を含めた）借り入れの合計額ということになる。

このあたりの計算式は、ＦＰの試験の勉強をしたときに学んだと思うが、とても大切な部分なのでしっかり覚えておいていただきたい。もうひとつ言っておくと、現段階でフラット35の場合は金利を2%で計算したが、民間の場合は4%くらいで計算するといいと思う。

また、次にお客様はどこの銀行で借りるのがいいのかといったことも知りたがっている。これは、できるだけ直接、銀行にヒアリングしてその銀行の特長を聞いて判断するのが一番いい。どのようにヒアリングするかというと、電話でもいいし、直接行ってもいい。支店に直接行くと、必ず住宅ローンのチラシが置いてあるのでそれをもらって、自分はFPでお客様が住宅ローンを組むにあたりこちらの銀行を考えている、35年ローンで長期固定の場合、10年固定の場合、変動の場合、どのような金利になりますか？　また、金利を安くすることはできるんですか？その場合はどんな条件が必要ですか？　などといったことをヒアリングする。これをメモして、比較検討して、お客様にお伝えするといいだろう。

住宅ローン知識で大切なことの三つめは、審査が通るかどうかということだ。そもそも自分は銀行の審査に通るのか？　と思っている方も多い。そういう方は、どちらかというと、借り入れに関して負い目を感じている方、たとえば個人事業主の方とか年収の低い方であることが多い。これも銀行に確認することが大切になる。

最初の段階で、各銀行の審査基準のハードルの高さというのを知っておくことは一番大切だ。これも銀行にヒアリングしておこう。

ただ、審査基準というのは日々変わる。「この間まで大丈夫」という基準が「今月からダメ」ということも多々あるため、私も銀行へのヒアリングは日々欠かさないようにしている。

個人事業主の場合、審査の対象となる所得がポイントだ。確定申告書の左側真ん中あたりにある「所得」という数字しか見ないのか、あるいは減価償却の額も所得に加えてもらえるのか、青色申告控除額を足してくれるのか、専従者給与は計算されるのかなど、どの程度配慮してもらえるかまで、くわしく聞いてみるべきである。

また、物件自体に関して気になることもある。たとえば、平米数が小さいこともあるし、頭金が小さく借入額が条件以上であるとか、いろいろなケースがあるので案件のつど、銀行には相談を持ちかけてくわしくヒアリングするのがいい。

私自身、仕事をはじめた頃から、こうして各銀行や担当者へのヒアリングを繰り返し、自分なりに銀行ごとの審査基準や受け入れてもらえる条件などをまとめ、今では「このお客様ならこの銀行」といった目処がつけられるため、1案件につき1行か、多くても2行にローンの申し込みをして審査をクリアし、他行より有利な金利でローンを組めるまでになっている。

住宅ローンは、本当に奥の深い商品なので、日々勉強を続けていただきたい。私の勝手なイメージだが、住宅ローンの知識には、多少知っているレベル（私は勝手に不動産屋レベルと名づけた）、の人は多いのだが、さらにその上があるので、ＦＰであれば、初級レベルから不動産屋レベルに、さらに上の3段目に立てるくらいのレベルの高い知識を持って欲しい。そうすれば、必ず仕事はやってきてビジネスはうまくいく。そう信じて、頑張って勉強して欲しい。

建築知識を工務店から教わろう

ＦＰもある程度、建築知識は持っておいたほうが得をするはずだ。建築のすべて、１級建築士が持っているような知識ということではないが、住宅や不動産専門のＦＰ、あるいは住宅ローン専門のＦＰとしてやっていくのであれば、建築の知識もある程度は必須となる。

たとえば、建築知識ゼロのＦＰが、工務店から「２月１日に器具づけに入ります」と言われてもチンプンカンプンだろう。私は、器具づけに入ると言われたら、そろそろ表示登記の申請を出すことができると計算し、動き出すことができる。家屋調査士が写真を撮って１日くらい時間を与えれば書類ができあがり、法務局に申請して１週間くらいすれば表示登記があがってくる。表示登記ができれば、その後の保存登記や抵当権設定登記の申請ができる。

これらの登記ができるということは、つまり「建築物の引渡しができる」ということだ。要は、「器具づけに入る」と言われたら、それから１週間ないし２週間程度で引渡し＝決済に入れるよ、といったニュアンスが込められていると気がつかなくてはならない。もちろん、それぞれの工務店によるのだが、そこは取引先の工務店に確認をしておこう。

また、「いつごろ決済できますか？」と聞かれることも多いので、逆に「では、器具づけはいつごろですか？」「クロスが張り終わるのはいつですか？」と確認して、時期を逆算できるように工程表が理解できていなければならない。他にも基礎の配筋とか、中間検査、適合証明、検査済みとはいったいどういうものなのか、どういう状態になれば検査を通り、証明がもらえるのかを知っているとレベルが高い。

これは、やはり現場を何度も踏んできた工務店に聞くのが一番手っ取り早い。私もそうしてきた。最初のうちは、「何だ、そんなことも知らないのか」と言われるかもしれないが、そこは工務店を担ぎ上げるチャンスでもあるので、「そこを、何とか教えてください」「へぇー、そうなんですか」「なるほどー」などと言って、上手に話を引き出して教えてもらうといい。

これらの工程が、建築スケジュール上どの時期に行なわれるのか、そういった建築の工程と住宅ローンの手続上の工程の、両方を理解していなければならないわけだ。

住宅ローンで着工金、上棟金が出るタイミングや、最終的に適合証明や検査済みの証明を受けないといけないことなど、いい加減に考えている工務店も多い。民間の住宅ローンは検査済みはいらないと勝手に理解して、検査を受けずに工事を進めてしまって、最後に「民間だから、検査済みいるんじゃないの？」と困ったことになってしまうこともあり得る。

このあたりは、確実にお互いに確認し合いながら進めなければならない部分だ。家をつくる工程というのを一度、最初から最後まで見ておくといい。私の場合、現場監督とはいかないまでも、手配する業者にはどこの業者があるか、建築の工程はどう進むかを把握しているため、工務店側によけいな気を遣わせずに任せていただけると自負している。あなたも、そこまで目指していただきたい。

次に引渡しの話になるが、基本的には工務店側がお金を受け取ってから、施主に引き渡すことになる。施主の中には、建物を引き渡してもらってからお金を払うといった勘違いをしている方もいるが、家を建てている最中、建物は工務店のものなので、融資が実行されて工務店に支払ってから、はじめて建物は施主の手に渡ることになるのだ。

この順番を間違えてはならない。銀行もそういった理解なので、先に引渡しが行なわれてしまえば、すでに決済も完了している、つまり、お金はもう支払われているということで、銀行サイドは融資するお金は何に遣うのか？　何か別のことに遣うのではないか？　と思ってしまう。問題なく融資を受けるためにも、融資実行から引渡しという順番は守らなくてはならないのだ。

そういった、もろもろの細かいことは一度家づくりを通してやってみないとわからないことが多いので、提携した工務店と一緒に打ち合わせを行ない、建築確認をいつ出すのか、着工までどれくらいかかるのか、着工から上棟までどれくらいかかるのか、上棟からどれくらいの期間で木工事が終わるのか、木工事の後内装を終了し器具をつけ終わって引渡しまでどれくらいかかるのか、などをしっかりと確認しながら、どのタイミングで資金が必要になるのかの見当をつけられるようにしたい。それができると、お客様からも信頼され感謝される存在になるだろう。

ライフプラン能力で稼ぐ

〝ライフプラン能力で稼いでいこう〟というのは、これからまさに家を買うというライフステージを迎える人たちへの最善のサービスである。家を買って、ローンを組んでこれから払いはじめるという段階になって、「わたしのライフプランを見てください」とＦＰに依頼する方は非常に少ない。もちろん、相談のタイミングは買う前である。家を買うタイミングでのライフプラン相談はある意味、ＦＰ側の営業力も必要になってくる。

まず重要なのは、住宅ローンを組んで払い終えるまで家計は破綻しないかどうかを検証することで、お客様の不安を取り除いてあげることだ。もし、キャッシュフローがマイナスになってしまっても、これをどうすればプラスにすることができるか、はＦＰの腕の見せ所だ。だから保険を見直すのか、繰り上げ返済をするのか、収入を増やしていくのか、あるいはローンでつないでいくのか、どうすれば、お客様の問題が解決するか、を提案してあげればいい。

よく陥る失敗例として、お客様からヒアリングした数字をライフイベントに当て込んでいって、ただ毎年の収支やキャッシュフローの説明のみに終始することだ。ＦＰは、時間をかけて苦労してこの作業を行なうわけだが、これではお客様はただ漠然と「あー、大丈夫なんだな」くらいにしか思わない。ここは少し演技が必要で、面白く話す技術が必要になってくる。

具体的に言うと、お客様にイメージを湧かせるということだ。「去年、家を買い引っ越しました。だんなさんは、その家のどこでくつろいでいると思いますか？　お風呂ですか？　リビングですか？　書斎ですか？」「お子さんが小学生になりました。何色のランドセルを買うと思います？　記念写真はどこで撮りますか？」『お子さんが結婚しました。お父さんお母さんは、いくつになっているでしょう？　60歳になってもシャキッとしてヴァージンロードを一緒に歩きたいですよね」など、家族の未来のイメージを頭の中に描かせなくてはなりません。

その話の中で、「結婚式って、いくらくらいお金がかかると思います？　平均すると、200万から300万円はかかるらしいですよ。そのお金はご両親が出してあげますか？　お子さんに準備させますか？」と、数字を紹介しながらライフイベントに当て込んでいって、見せてあげる。そうすることで、話も膨らんでいくしリアリティも出てくるのだ。

数字に関しては、私は保守的に入れていくほうだ。たとえば、給料が今まで毎年15000円アップしていても、今後もそれが続くとは限らないから半分にして7500円にしておくとか、食費が毎年12万円ずつ増えていくところを、一ヶ月もう5000円プラスして18万円にしてみるなど、少し厳しめの数値を入れて検証する。厳しめの数値を入れても将来的に家計は破綻しないから、住宅を購入しても大丈夫、という話になる。

ここまでで書いたノウハウは、実際の営業の現場で必要となる要素が多い。

その解説をしていきたい。まず、「だんなさんは、どこでくつろぎますか？」と質問することで、家を買った後のことをイメージさせている。これから買おうかどうしようか迷っている人に対して、「買う」という前向きのイメージを植えつけることができるし、購入へのマインドを高めることもできる。

また厳しめの数値で計算しても、家計が破綻しないとわかると安心感が高まる。これが、ざっくりした数字では、「本当に大丈夫？」となってしまう。数字の根拠を示しながら、キャッシュフローを作成して見せてあげるのは、ＦＰの腕の見せ所であり、お客様の不安を取り除いてあげることはとても重要なことなのだ。

もちろん、すべてのケースで最初にプランニングした通りになるわけではないため、毎年とか2、3年に一度は見直しましょうということで、施主と接触する機会にしていただきたい。

また、もうひとつ私は、その場でざっくりでもいいから試算してくれと言われた場合、支出の折れ線グラフを見せてどの年にいくらくらい出て行くのか、グラフのイメージを頭に植えつけてくれるように強く言うことにしている。

これはどういうことかと言うと、その支出の折れ線グラフで大きくへこむ時期の前に、できるだけ支出しないようにして貯金をしておくとか、借り入れするなど、努力をして準備をしてくださいということを伝えたいのだ。技術を常に磨きつつ、工務店の営業支援の武器としていただきたい。

プロのセミナー講師を目指そう

プロの講師というのはどういうものかというと、ひと言で言うのは難しいが、まず〝セミナーで稼げる〟ということだ。FPの場合は、言い方が露骨だが、「契約を取る」ことだ。どんなにいい話をしたところで、契約が取れなければ商売にならない。つまり、セミナーに100人集めることができても、契約が1件では意味がないのだ。できれば、成約率60％を目指せるようになっていただきたい。制約率60％を目指すためには、いろいろと仕掛けも必要になってくる。

たとえば、マーケティングの時点で顧客層の絞り込みをするなど、工務店との打ち合わせをしっかりと行なう。マーケティングをきちんとし、いいフォローができるのであれば、60％の成約率は決して難しくはないだろう。

私が思っているセミナーとは、講師というのは演者であり、セミナーは舞台だということである。また、講師というのは先生でもあり、聴いている側は生徒だと考えている。

ここで誤解があってはならないが、ここでいう先生と生徒の関係というのは、先生が偉くて生徒は下、ということではなく、問いかける者と答える者といった感じだろうか。もっとくわしく言うと、講師と聴き手が互いに言葉のキャッチボールをするということだ。

だから、人数は多ければ多いほどいいということではなく、絞ったほうがいい結果が出やすい。私の場合は、５組が理想だ。どのセミナー講師に聞いても、そのくらいの数字がベストだという。

５組の来てくれたお客さんに対して一方的にしゃべるのではなく、会話をキャッチボールのように質問しては答えてもらう。こちらが一方的に話すと、相手はボーッと聴くだけになり、頭を使わないことになるため、答えなければならないという緊張感を持たせる。私がそのために、もうひとつやることがある。資料をめくる作業だ。１枚ずつめくっていって「ちょっと、さっきのページに戻ってください」とか、二つ資料を並べて「この二つを比べてみてください」と言ってわざと考えさせたり、資料を手で動かすことを意識して行なっている。

また、とくに意識して行なっていることをお話しすると、まずセミナーの内容は、あえて常識をひっくり返すような内容にしている。当たり前の話をしても面白くはないからだ。

常識だと思っていたことが、理路整然とひっくり返されたりすると、人は「面白い！」と思うので、世間一般では非常識的なテーマ・内容を話すのが理想的だと思う。常識をひっくり返す話をするには「切り口を変える」、もしくは「見方を変える」ことを話すことである。「裏の見方を教える」と言ってもいいだろう。こんなことを意識して、私はセミナーの内容を組み立てている。

他に資料は（みなさん最近は、パワーポイントなどできれいでかっこいい資料をおつくりになるが）、私の場合は比較的シンプルで、先にも述べた先生と生徒（何度も言うが上と下という意味ではない）といった意識が強いため、大切なことは黒板やホワイトボードに書いていくといったやり方が多い。必ず、それをメモや資料に書き移してもらう。

「ここは大切だな」というように考えさせて、手を動かすことによって、なるべくダラダラとした時間は過ごさせないようにしている。大切な部分や比較させたい部分は、書くペンの色を変えたり、さらに強調したいことや、どうしても伝えたいことを話すときにはオーバーアクションでお伝えしたり、前振りとして質問をし考えさせるなどして、その部分を際立たせる工夫をしている。つまり、話に強弱やメリハリをつけるということだ。

そして、聞き手の方の反応を見ながら、「この話は面白くなさそうだな」とか「この話は、みんな真剣に聞いているな」などと受け止めながら、話を変えていったりアレンジするアドリブ力が持てるとさらにいいだろう。

さらに私は、その場の空気を判断するために、話しながら会場内を歩くことにしている。会場内のお客様の席の間を通ったりして、どういったことをメモしているか、つまらなそうにしていないか、などを意識しながら、わざと横を通るようにしている。逆に、私が通ることで私のことも意識させる。私のセミナーは、だいたい1時間半くらいが多いのだが、こうしてなるべくつまらないと思う時間がないように意識して話をするので、「短く感じた」といってくださる方が多い。

もちろん、セミナーがうまくいった、上手に話せただけではだめで、その後の契約に結びつくフォローというのが、最も大事になってくる。たまに、セミナー会場で契約に結びつけますというコンサルタントがいるが、正直嘘だと思う。すでに契約を意識した方が聞きに来ないと無理である。その日に家の購入を決めるバブル時代はもう終わっているのだ。

だから、次にアポイントを取ることが大切である。アポイントを取るポイントとしては、いかに「この人ともう1回話がしたいな」とか「この人に、ちょっと相談に乗ってもらいたいな」「では、私たちの場合はどうしたらいいのですか？」と思わせる要素をセミナーの中に盛り込んでおくか、である。

終了後、お客様のアンケート用紙に感想を記入してもらうのだが、セミナーがうまくできれば「また話が聞きたい」といった欄にチェックが8割もついてくる。そこで、アポイントを取って最終的に契約に結びつけていく、この流れをつくり上げることが理想である。

セミナーでは、誰もがはじめは何を話そうか、そこから迷うと思ったので、テーマ・内容についてのヒントを書いてみたが、契約に結びつけるためには、実際はセミナーからどうフォローしていくかというところが成功に向けての大きなポイントになるのである。

セミナーでは成約率60％を目指そう

最近では、集客したお客様をセミナーに誘導して、具体的な商品を販売する手法が主流になっているようだ。こういった方法は、販売する側が節度を持って行なうならいい方法だと思う。節度がないというのは、あからさまに商品を販売する姿勢を見せる、その商品だけがいいもので他は悪いといった、公平でない、鼻につくような方法のことだ。そういった態度は品がないし、プライドがないように思われてしまう。クレームも来るだろうし、成約率も落ちてしまうのではないだろうか。

節度のあるセミナーというのは、いいセールス方法だと思う。セミナーで60％以上成約を目指そうというのは、ちょっと練習すれば、40％程度は成約に結びついたり次のアポにつなげたりできる講師が多いからだ。

ただし、その方たちのセミナーの内容を聞くと、いまひとつ面白くない。ただ、一般的な話をしているだけだったり、一方的だったりで、聞いている人が、「あー、いい内容だったな」と感じたり「何だか家を買いたくなってきたな」と、次の行動に移すものではないからだ。その結果が「40％」なのだと思う。

60％、つまり半数以上の人に「家を買いたい」「もっと話を聞かせてほしい」と感じさせ、次の行動に移させるためには、やはりプロのスピーカーでなくてはならない。プロのスピーカー・講師というのは前項でも書いた通り、相手との会話のキャッチボールを意識し、テンポよく記憶に残る話のできる人である。

成約率60％を超えるためのポイントは、三つあると考えている。ひとつはマーケティング、二つめがセミナー自体の内容、そして三つめがフォローである。

まず「まったく興味のない話だけど、聞きに来てみたよ」という人ばかりが集まってきたのでは、ここから60％の人と契約することは難しい。ある程度は商品に興味があるとか、購入を検討している、といった人を集客してセミナーを行なうから効果があるのだ。マーケティングにより、ターゲットとする顧客層を絞り込むことが大切だ。

そして、興味を持って集まった顧客層に対して、さらに興味を持ってもらえるような常識をひっくり返すような「聞いてよかったなー」と思ってもらえる話をしなくてはならない。

もちろん、それで終わりではない。映画を見たときのように「あー、すごくいい内容だったたね。来てよかったね。じゃあ、帰ろうか」では、ビジネスとしては意味がないからだ。次の行動に移ってもらわなければならないのだ。そこで大切なのが、3番目のフォローである。

フォローを大切にしないと、契約に結びつけることはできない。要は、セミナーでどんなにいい話をしたところで、それだけではすぐ「契約ＯＫ！」とはならないわけだ。

セミナーで気をつける七つのこと

私が、いつもセミナーで気をつけていることをご説明しよう。まず大きく三つに分けると「セミナーの内容」「アポ取り」「フォロー」だ。

まず、セミナーの内容について。ここで気をつけていることのひとつめは、セミナー講師の立ち居振る舞いだ。一般的なセミナー講師を見ていると、他人事のように話をしていたり表情の変化に乏しかったり、抑揚なく話をしている人が多い。もっと表情豊かに、役を演じるといった気持ちが大切だ。

私は大学生の頃、アルバイトで塾の講師をしていたが、この頃に学んだノウハウなのだが、先生が役にのめりこんで演じていないと生徒には伝わりにくい。ちょっとしたアクションや動きが大きかったり、メリハリのある話し方だったり、そういうことで、聴いているほうにはずっと伝わりやすくなる。

また、気をつけていることの二つめは、ネットで検索すれば簡単に出てくるような話はしないことだ。では、何を話せばいいかだが、自分の実体験が一番いい。これが非常識な話だったら、さらに面白い。非常識な体験は、すごくレアなケースだと思うが、人はそのレアなケースをすごく聞きたがるものだ。まっすぐ行くこと、正攻法が当たり前と思っていたのが、実は回りまわって遠回りしていくのが正解だった、おまけに、それが実際に自分が経験した話だとなると、人は「へえー」と聞いてしまう。

三つめは笑いを取りにいくことだ。セミナー講師の中には、5分に1回は笑いを取れと言っている人もいるらしい。そこまで窮屈に考える必要はないけれども、やはりカチカチの雰囲気の中で話を聞いても購入意欲は芽生えない。私の考え方だが、日本人は面白い人、笑わせてくれる人に好意を持つと思う。1％でも契約の可能性を上げるためには、やはり笑いを多く取り入れていくことが大切だ。

四つめは、できるだけテンポよく話すということ。テンポよく会話のキャッチボールができなくてはならない。講師側から質問を投げて回答を得る、また質問を投げて回答を得る。投げる質問としては、大切な内容について、受講者に「どう思うか？」という前振りとして投げかけて考えさせ、後で正解を伝える。質問・回答を繰り返すことで、必然的にテンポはつくられていく。講師が話しているだけでは、どうしても一方通行になりがちだ。私のテクニックとして、あえて資料の順番を逆にしてしまうのだ。「1ページを見てください。……次に2ページは飛ばして3ページにいってください」「また1ページめに戻ってください」とわざと資料を動かす。何もしないでじっと聴いているだけだと、聴いている側は考えるとか、イメージしたりといったことをしなくなってしまう。

そこで、あえて話をひとつ先に飛ばしてしまい、後から資料をひとつ戻るとかする。小細工のような作業だが、こうしたテクニックも使ってリズムをつくるとよい。

大きく分けた、二つめの「アポ取り」について。気をつけていることの五つめとなるが、セミナーが終わった後、「個別相談」のような席に、無理に「どうぞ、どうぞ」と誘導しないことだ。個別相談には持ち込まなければならないが、いったんセミナーと個別相談を区切るからいけない。セミナーの告知の段階で、個別相談の時間もプラスしたセミナー時間を表示しておくべきである。セミナーと個別相談の合計で1時間半とか2時間といった告知をするのだ。両者はセットであると、最初から思わせておく。

たった、これだけのことでも、個別相談につながる確率はぐっと高くなる。個別相談になれば、次のアポにつなげやすい。

六つめのアポの取り方だが、今回は工務店のセミナーで住まいづくりや住宅ローン、資金計画についてのお話をしたが、「ライフプランや保険の見直し、資産運用などを考えることも大切ですよ」と、セミナーや個別相談でも話しておく。

お客様はどこに興味を惹かれるかわからない。

もしかして、保険の見直しが気になっていて、それがきっかけとなり、保険が見直せたから次に家のことを考えよう、となるかもしれない。ＦＰが解決できるいろいろな要素をセミナーや個別相談の話の中にちりばめておいて、アンケートの「具体的に相談したいことはありますか？」といったチェック欄に印が入るよう仕向けるのがいい。

「保険の見直しがしたいのですね？」「住宅の見積もりをしてみたいのですね？」「住宅ローンの仮審査をしたいのですね？」→「では、次は具体的にそういったお話をしましょう」と次回のアポにつなげやすくなるからだ。

最後の「フォロー」。講師の中にはセミナーで話ができたというだけで満足してしまう人がいるが、実はこの「フォロー」の段階でも手間を惜しまず、工務店の営業マンに引き渡していくといった作業をしなくてはならない。

たとえば、セミナーを聴いて個別相談から次回アポを取ってくださったお客様が、住宅ローンの仮審査をしたいということであれば、面談日にはまずヒアリングを行なう。年齢や年収や預金額などの情報を聞かせていただくわけだ。「今日、いろいろな情報をいただきましたので、私のほうで○○様に最適な住宅ローンを次回見繕っておきますね」といったようにつないでいく。

そして、仮審査が通ったとなれば、「せっかく通ったのだから、見積もりを取ってみませんか？」、もしくは「プランまでつくってみませんか？」と営業マンに引き渡していく展開だ。こうして、フォローにも手を抜かずに契約に結びつけていくことを怠らないようにしよう。

最後にもう一度、セミナーで気をつける七つのことを再掲する。

まずは、「役に入り込む」、次に「ネットで検索できない内容を話す」、三つめ「できるだけ笑いを取り入れる」、四つめ「テンポよく話す」、五つめ「個別相談とセミナーはセットで」、六つめ「次回アポをとる」、七つめ「フォローを大切に」。これらを意識して実行していこう。

不動産業者でのFPのポジション

不動産業者におけるFPのポジションは、工務店におけるそれとはまったく違う。工務店の場合には営業支援であったり、住宅ローンの専門家として存在するのがベストだと思うが、不動産業者ではそうでもない。

もちろん、住宅ローンや資金計画のプロなのでお役に立てますよ、といった売り込み方も間違いではないが、それで不動産業者が「いいねー、お願いします」となることは多くないと思う。

私も経験上、多くの不動産業者と付き合いがあるが、いい反応をする業者は少なかった。特殊な不動産業者、たとえば人手が足りないとか、開業間もないとか経験が浅い業者、もしくは従業員が年配の方だけの業者ならあり得るかもしれないし、強いコネクションがあれば提携して顧問料とか成功フィーなどもらうことは可能かもしれない。

今まで、私もいくつもの業者と提携をしてきたが、不動産業者との提携は結構難しくて、ようやく経験からこうしたらいいんだな、ということがわかるようになってきた。最初は、不動産業者の仕組みとかニーズやウォンツといったものを知ろうとしなかったのが悪かったのだが、不動産業者が望んでいることは、FPより工務店と提携することなのだ。とくに、安くつくってくれる工務店、融通のきく工務店と提携するのが不動産業者の狙いでもある。不動産屋はお客さんに土地を紹介し仲介して販売する。その上に当然建物を建てる。建物を建てるときに「うちの工務店はいいですよ」と紹介できる工務店が欲しいのだ。「安くていい家が建てられますよ」となれば、お客さんはたいがい「そうですか。じゃあ、1回会ってみましょうか。理想としている家が建てられるのか相談してみたい」となる。その工務店で家を建てることになれば、不動産業者は工務店から紹介料が得られるので、それを期待しているわけだ。その紹介料が、場所によっては仲介料よりも高いところもあるため、大きく儲けるチャンスでもあり、それを熱心にやっている不動産業者も多い。

しかし、不動産業者のニーズに応えられる工務店は、意外とわずかだと思われる。日本において、コンビニよりも件数が多い工務店だが、しっかりした工務店は少ないのだ。自社で建物を建てている不動産業者もあるが、基本的には不動産業者はよりよい工務店と組みたいわけだ。

そこで、ＦＰはどうしたらいいかというと、工務店の営業をしてあげるのがひとつだ。工務店の名刺でも自分の名刺でもいいので、それを持って不動産業者を回り、「こういう工務店がありますが、お客さんがいたらどうぞご紹介ください」、「リフォームなどあれば、お声がけください」などと営業していく。

そこで、いきなり向こうから「お願いします」とはならないかもしれないが、そこで二つめのＦＰの出番になってきて、その業者にちょくちょく顔を出しているうちに、「こういうお客さんがあるんだけど、なかなかローンが通らなくて」とか「なかなか話が決まらなくて」となったときにFPとして出て行くことができるのだ。ローンが通らないようであれば、他の金融機関の審査をしてみるとか、その不動産業者ではなかなかお客様が申し込みにいたらないといった場合には、一度会わせていただいて資金計画やライフプランのご相談に乗るといった形で購入に結びつける。

そこまでできれば、不動産屋にしてみれば土地の購入に結びつけてくれた、ローンも通してくれた、さらにいい工務店さんも紹介してくれた、この人は便利でいい人じゃないかということになり、長い付き合いにつながっていくことになる。

ここにいたるまで非常に時間はかかったが、このパターンはとても有効的である。工務店との付き合いは、たとえ1社2社でも、提携する工務店の規模によっては仕事が回ってくることがあるが、不動産業者とはできればたくさん付き合い、多くの案件をもらいに行くことが秘訣である。

なぜならば、提携している工務店に不動産業者からの案件が定期的に来る可能性が高いからである。もちろん、FPであるあなたの収入を増やすとともに、安定度も増すことになるのである。まずは広く浅くでもいいので、多くの不動産業者と知り合っていくべきである。

どの士業と提携するといいか

私が今行なっているＦＰビジネス業務を進めていくにあたって、司法書士と提携することが最も多い。というのは、登記などの手続きの際に必ず付き合いが必要になるからだ。

たとえば、お客様から土地を相続したが、どうしていいかわからないといった相談が来た場合、司法書士に相続登記をお願いすることになるし、土地の上に建物を建てることになった場合には保存登記をしてもらったり、住宅ローンの抵当権の設定の手続きをすることになるので、司法書士とは親しくしておくべきである。

私の勝手なイメージでお話しすると、司法書士というのは士業の中でもとくに頭の切れる方が多い業界である。お付き合いしていると助かることが多い。実際、私も簡単な法律の相談は司法書士に持ちかけている。法律的なアドバイスのみならず、問題に対する対処方法まで教えてくれるから一石二鳥だ。

後でもお話しするが、それほどたくさんの士業の方と付き合っているわけではない。ごく限られた、優秀で信頼できる人に仕事をお願いしているという点もお伝えしておこう。

次には税理士である。ご存じの通り、ＦＰは税務については勝手に判断したり計算したり手続きをすることはできないため、相続や贈与の部分で、税理士は不可欠である。不動産や住宅やローンを扱うと、嫌だと思っても相続・贈与は避けて通ることはできないため、実務的な仕事は税理士にお願いするしかない。できれば、会計士の資格のある税理士がベストである。

と言うのは、家を買う方の中には会社の社長や個人事業主の方もいる。土地を買ったり建物を建てる過程で、会社の税務について相談を受けることも多いため、できれば会計士の資格を持った知識と経験のある方と提携して、社長や事業主に紹介できるといいだろう。

次に弁護士である。工務店と付き合っていくと、結構工務店がトラブルに見舞われることがある。工務店側、つまり私たちがどんなに気をつけていても、違法なことをしていなくても、建物を建てていると近隣からさまざまなクレームなどが降ってくることがある。

それに対して工務店側、私たちがせいいっぱい誠意を見せることはもちろん大事なのだが、それでも解決しないような場合には、弁護士など法律の専門家と相談しながら進めるのがベストである。

工務店の中には、弁護士を利用することについて、「そこまでこじれることはない」とか「そんなに大袈裟にしなくても」などとおっしゃる方がいるが、大きなトラブルにならないよう、穏やかに事態を収めるために弁護士を使うわけで、全面的に対決するためにお願いをするわけではない。平和的に仲裁してもらうためにお願いしたいということを理解してもらえれば、弁護士にいてもらうことは非常に心強い。ちょっとしたことでも相談してみて、「それは法律的に見て違反ではないですよ。悪いとすれば向こう側になりますよ」と言ってもらうことができれば安心して仕事が進められる。私も、独立してから弁護士と話す機会が多いが、弁護士の実力を実感し、いい意味で「使い道の多い」存在である。

また、司法書士と肩を並べるくらい必要となってくるのが家屋調査士だ。家屋調査士には土地・建物の測量をしてもらったり、建物の表題登記をお願いしたり、工務店・不動産業者にとっては不可欠な業種であるため、私たちＦＰも連携が取れるととても便利である。勘違いされている方が多いので言っておくと、表題登記をするのは司法書士ではなく家屋調査士だ。表題登記をすることはすべての建物に義務づけられているため、家づくりのビジネスには必ず関わってくるはずだ。

次に、意外とお付き合いの機会が少なくなっているが行政書士。行政書士は、会社の経営や起業のコンサルティングをする際にたいへん便利である。許可申請をしてもらったり、開業の届けを出してもらったりできるため、経営・起業のコンサルをするつもりなら行政書士とも提携しておくといい。

ここまで紹介してきたのが、私が提携している士業である。他にも、士業とは違うが親しくしている業種を挙げておく。まずは銀行。ここは、住宅ローンをビジネスにしている以上、連携をとっておく必要がある。あるときはおだて、あるときは意見をしつつ、いい関係を保ちたい業種である。次に生命保険・損害保険会社。このあたりは代理店等と提携しておけば、自分のキャッシュポイントも増えるのでやっておくといいだろう。

あと紹介しておきたいのは建物の調査会社である。構造がどうなっているかなど建築の細かい部分は私でもわかりきっているかというとそうではない。1級建築士でもそうでもないと言える。以前、大きなビルを設計した1級建築士と話したとき、「このビルの壁、何でできていたっけ?」と言っていた。現実はそんなものである。

建物の調査会社は、今後大事な業態になっていくと思われる。住宅の状態を調査し、第三者として報告してくれる会社である。要は、対象となる建物に欠陥はないか、もしあるのであれば、どこがどのくらい欠陥となっているのか、また、図面通りにつくられているのかの確認など、不動産の知識の少ない個人消費者の新たな武器である。

この会社は、必要であればリフォーム、リノベーションするといくらかかるのかまで見積もりもしてくれる。国が政策として推し進めている、新築の物件より安い価格で流通できる中古住宅ビジネスに欠かせない業態である。今のうちに提携しておいて損はない。とくに不動産会社にとっては重要な提携先になっていくだろう。

日本は、いまだに新築住宅の販売が主流だが、1章で徳本氏も言っていたが、今後アメリカのように中古住宅の流通が大きな比重を占めるようになれば、建物の調査会社というのは業界においても存在感を示すようになるだろう。

各士業との連携の考え方

先に述べたように、司法書士との連携は、登記の部分で必ず必要になってくる。私が、ふだん仕事をしているのは2名くらいだ。というのも、彼らには電話1本して、「○○銀行△△支店でローンを組むのでよろしくお願いします」と言えば準備が整うからだ。それは、その司法書士さんたちが優秀であるのはもちろんだが、提携先を絞っていることで、こちらがあれこれと指示をしたり、準備をしたりといった手間が省ける。5社も6社も提携先があると、こちらでいちいち段取りしてあげなくてはならなくなる。

具体的に言うと、保存登記や抵当権設定などをする場合、家屋調査士（私が提携しているのは3社）が、司法書士とも連携が取れているので直接やり取りしてくれて、私を介さずに話を進めてもらえるのでたいへん助かっている。これがお互い5社6社と提携先が多いと、おそらく連携が取りきれず、私を介さないと各司法書士が仕事を進められない、といった事態も生じるものと思われる。

提携先が多いのはかまわないが、その分手間がかかるだろう、ということは伝えておきたい。そのため、私は狭く深くといった付き合い方をしている。

税理士さんもほぼ一緒で、私は1社程度の付き合いである。工務店・不動産会社で税務に困っているというところがあれば自分の会社の税務処理をお願いしている会計士さんを、紹介している。この税理士さんも既に気心が知れているので「先生、税務署からこんな書類が来ました。送っておくからよろしくお願いします」「年末調整の資料、よろしくお願いします」といった一言ですんでしまう。私がお願いしている税理士さんは安い報酬で、一言二言ですぐ動いてくれて物事は進んでしまうし、先回りして仕事をしていただけるので本当に助かっている。

弁護士も2社である。こちらも、一人の方とはふだんから話をしやすい関係になっている。行政書士も提携関係にあるのは1名だ。それぞれそんなに多く広げなくても、いい信頼関係が築きさえすれば十分に仕事はできる。FPは広く浅くの業界なので、逆に専門的な実務ができない。ただ、各専門家とのネットワークを築き、それらを駆使してコントロールして仕事をするのがFPであると思う。ビジネスのプロデューサーとも言える。「○○さんは、ここをお願い」「△△さんはこっちを」「□□さんはあの部分を」と指示をしなくてはならないのだ。

しかも各士業同士、連携を取らなければならない。そのときになって、まったく知らない人を毎回顔合わせをして、紹介して名刺交換して「今回の案件、よろしくお願いしますね」とやるよりは、お互い気心知れた者同士、「あーわかった、○○先生ね。連絡しておきます。」というほうが、ずっとストレスなく仕事も順調に進むはずだ。

もう一度言うと、FPはプロデューサーである。FPの弱点でもある法律や税務など専門的な実務ができない代わりに、各専門家を上手にコントロールして仕事を進めることができるといった強みも持っている。だから、自分が上手に付き合える範囲で士業のネットワークをつくっておくべきである。

ただ、その他の銀行、生保・損保会社などとの関係は、たくさん持っておいていいと思う。銀行は顔なじみの担当者がいればいるほどいい。住宅ローンは企画金融商品であり、条件に乗合っていいと審査の承認が出ないという商品でもあるため、否決なら違う銀行をあたっていくしかない。

もし1社しか付き合いがなければ、他の銀行の情報が得られないので、2の手（方法）、3の手（他の銀行）があったほうがお客様にとってもいいわけで、できるだけ付き合いは多いほうがいい。

損保・生保も、お客様にとって品質・価格の面で一番いい商品をチョイスするために、少しでも多くの商品を選択肢として挙げられるように、たくさんの会社（保険会社）と連携しておくといいだろう。調査会社については、現時点で日本にそういった会社が少ないので多くと付き合えと言っても難しいが、代表的な調査会社を紹介しておこう。渋谷にある株式会社さくら事務所である。

ビジネスを進めていくうえでのパートナーとなる士業との連携は狭く深く、お客様に対しての商品の多様性といった意味で、銀行、生保・損保との連携は広く浅く、そうとらえるといいだろう。

chapter

4

法人を
ターゲットにしよう

個人と同じコンサルティング内容でも収益増

ＦＰの資格を取る際に学ぶコンサルティング内容は、主に個人向けのものばかりだが、これを法人向けに応用すると収益ががらりと変わってくる。

たとえば、どのＦＰ会社でも個人向けの顧問料（フィー）としていただける金額は、相場がだいたい年間5万円といったところだと思う。ただ、それを法人向けにすることで、額がまったく変わってきて、その20倍をもらってもおかしくないレベルになる。要は、個人１人にかけるコンサルティングの作業量とそれほど変わらない労力で、20人分の個人顧問料がいただける計算だ。法人対象であれば、年間１００万円の顧問料をもらっても不思議ではない。

もちろん、その法人に対してはその金額以上のメリットを与えなければならない。

それでは、ＦＰが個人向けに行なうコンサルティングを、法人向けの実務としてはどのように行なったらいいのだろうか。まずは、「事業計画」である。これは察しがつくと思うが、「ライフプラン」や「キャッシュフロー」の応用だ。社長や役員など、会社の中枢である人たちと話をして、具体的に事業をどのように進めていくかを相談し5年後の目標、たとえば営業店を3店舗にするとか売上げを10億円にするなど、目指すところを決めていき、それではその実現のために何をすべきかを考える。

地域の売上げを1億円までに拡大したいから、マーケティングや広告戦略を立てなくてはならない。それにはいくらかかるか、またそのために何件受注しなくてはならないかを逆算する、などといった戦略（グランドデザイン）を一緒に考えるのである。

私の場合、5年10年といったスパンで考えることが多いのだが、5年後10年後にどういったライフイベントがあるか、つまり事業に置き換えると、どういった方向性のイベントを設定すべきか。そのために資金はどう動かすべきか？　借り入れをするべきか、売上げはどう立てていくのか？　支出は減らすのか、あるいは使うべきところに使うのか、支出に伴って売上げも上がるのか？　そういったことを一緒に見ていくのだが、これはまさに個人のライフプランニングの考え方と同じだ。主人公を個人から法人に変えただけで、起こり得るイベントはそれほど変わらない。

先ほど挙げた例で、「事務所や営業店を増やす」といったことで言えば、「不動産」の知識も必要になってくるし、事務所を借りるのか買うのか、その地域で営業店を出していいのかどうか、建築基準法でいうところの「用途地域」に適した出店なのかどうか（「クリーニング店」を出してはいけないところに出店計画を立てていないかなど）とか、FPの知識はそのまま生きてくるのだ。

また経理関係で言えば、「タックス（税金）」の知識は不可欠になる。「FPの勉強で習うのは個人の税金の話がメインではないのか」と思われるかもしれないが、個人も法人も概略で見れば仕組みというのはそれほど大きくは変わらない。

大雑把に言えば、売上げ（収入）があり、それに対する経費があり、それから控除を差し引き、収益を求め、税率をかけて税金を納める。たしかに、法人と個人では細かいところで法律やかかる税金や税率は異なってくるので、そのへんはおおまかに押さえておけばいい。

さらに税金について言うと、教科書で習った個人に対しての税金の話ができるのであれば法人であっても役員も従業員も給料をもらっているわけだから、一人の個人として税金のことなどレクチャーしてあげればいい。「ああしたほうがいい、こうしたほうがいい」といったアドバイスはできないかもしれないが、税制についての一般的な説明なら問題はないはずだ。

さらに法人であれば、経営面でのリスクは常に抱えていると思うので、それに対するリスクヘッジ＝保険、社会保障的な部分では労災だったり、商品や設備機械、損害賠償に対する損害保険など、アドバイスできることはたくさんある。

日本では、実際は労災に加入していない会社は多いと聞く。それに代わる従業員向けの補償なども知っておくべきだ。経営者向けには、節税対策や社長が万一のときの会社の経営を維持するための保険、あるいは事業をやめるなら、借金を返すための保険に入っておいたほうがいいなど、そんな話もできる。

また、資産運用の話もできる。会社のお金は全部普通預金に入れておけばいいかというと、必ずしもそうではない。輸出入をしている会社であれば、それぞれの国の通貨を持っていてもいいし、銀行には納税用の口座というのもある。この口座に入金しておけば、納税以外の目的で使わなければ利子税が免除される。そのため、使わない現金は納税準備預金に入金しておくといい。経理に関わることも多いので、簿記の知識も多少は持っているといいだろう。売上げに関して、在庫、原価、販売管理費、借入利息、経常利益といったものもわかっておかなくてはならないし、ＢＳ（バランスシート）もＰＬ（損益対照表）も理解しておきたい。

簡単に言えば、ＰＬは1年間の収支の結果であり、ＢＳは今までのトータルのその会社の成績が載っているものだ。少し勉強すればわかるようになるので、知っておいて損はない。

まとめると、ライフプランニングやキャッシュフロー、不動産、保険、税金、資産運用といったノウハウは、少しブラッシュアップするだけで法人にも応用できるものであり、個人の20倍以上のフィーがもらえるようになる。教科書で習う知識に、ほんの少し法人向けの知識をプラスするだけで収益は大きく変わってくるのだ。

他にも、法人向けにマーケティングやセールスについて知っておくといいだろう。あとひとつ言っておきたいのは、会社の社長が悩むのは「売上げ」「人事」「日本の将来」についてなので、これらについての知識も豊富だと、経営者から可愛がってもらえるＦＰになれるだろう。

住宅関連とＦＰの相性のよさ

前章でも述べた通り、ＦＰと住宅関連業界の相性は非常にいい。にもかかわらず、まだ住宅関連ビジネスに関わって活躍しているＦＰは少ないのが現状だ（最近少し増えてはきたが）。何と比べるかと言うと、やはり「保険」である。保険を扱っているＦＰは非常に多いし、成功されている方もたくさんいる。保険業界の主役は、生保レディからＦＰに取って代わられたのではないか、と私は感じている。今後は同様に、住宅業界でもＦＰが幅をきかせていくようになるのではないか、と思う。

ライフイベントの中で、住宅は一番大きな買い物である。そこに関わることで、ＦＰも大きなキャッシュポイントを得ることができるのである。一生に一度（多くても二度三度）の高価な買い物で、お客さん自身もわからないことが多い。お客さん側から考えても、第三者で一緒に考えてくれ、味方になってくれる人がいたらとても助かるはずだ。

大雑把な言い方になるが、「家を買う」までの流れというと、「土地を買って、家を建てればいいのでしょ？」というお客さんもいるが、当然のことながらそれだけで終わるわけではなく、その間にすごく細かなやるべきことがたくさんある。細かい契約内容の確認とか面倒な手続きとか、手付金の支払いとか、諸費用とか、一般の人にはわからないことばかりで不安なのである。

最近では、若い独身の女性でもマンションを買うということが多くなってきている。「家を買う」過程でのもろもろの複雑な面倒くさい手続きのときに、FPという、第三者であり味方であり、お金の専門家が傍にいてくれれば心強いはずだ。自分がよくわからないことを知っていて、タイムリーにアドバイスしてくれる。たったそれだけのことでも不安は解消され、安心して行動することができる。そういった意味でも、FPは必要とされていて存在価値は大きい。

FPができることは、さらにある。ローンを組むにあたっても、どこの銀行がいいか、金利はどのくらいなのか、一般的な情報ならネットで調べればわかるが、そのお客様の状況や銀行によっては公表されているものと違った金利がつくことがある。銀行のCMやホームページでは1%となっているのに、私は1・2%なのはなぜ？　といった疑問に答えてあげるのも大事だし、逆にもっと安い金利になるように交渉してあげることもできるのだ。

また、建物の見積りについて、その金額が妥当なのかどうかの判断だとか、登記費用の妥当性とか、さまざまな基準を示してあげることで大いに世の中の役に立つはずだ。

本来、アドバイスすべきお金の部分に関して言えば、先にも書いたようにネットで調べればいくらでも出てくるし、シミュレーションもできるのだが、やはり誰か頼れる第三者に聞きたい、教えて欲しいとお客さんが望んでいることがある。

では、FPはそのレベルの知識を持っていればいいかというとそうではなく、それ以上の知識の習得は常に心がけなければならない。FPの教科書やテキストには載っていない知識というのは、実際の仕事の現場で経験したり、現場の人に話を聞くことで身につく。

さらに、知識・経験を含めたＦＰの力が身についていてくれれば、私はＦＰに家を購入する際のプロデューサー的役割をはたしてもらいたいと思う。

具体的に言うと、まず初めて家を買いたいと思ったとき、今までは不動産業者や建築会社が最初に相談する窓口となっていた。その窓口が、ＦＰに取って変わってくれるようになったらすごくいいと私は考えている。

なぜ、そのような考えになったかと言うと、あるお客様が契約当日に重要事項説明書を見せられて、内容がわからないまま、渋々契約書に判を押したという話を何度か聞いたからだ。大切な不動産の説明を、契約当日の数時間ですまされるのは納得がいかない。

せめて、１週間くらい前に重要事項をもらいたいものだ。ＦＰが間に入って、前もって段取りしておけば、そんな残念な出来事をなくすことができる。

また、説明されていないよけいなお金を取られたという方ともたくさん会ってきた。これも、お客様に代わって拒否したり、そのような業者にお客さんが接触することがないようにしたい。また、ローンは通れば何でもいいと考えるのではなく、最適な銀行を紹介してあげる、そんなプロデュースができたらすばらしい。

士業の中にも、ときどき不動産会社等と仕事をしているということで高い料金を取る方もいるが、ＦＰがすべての窓口となって各業者や士業、銀行をお客様に紹介し、お客様のイメージ通りのいい家を妥当な金額で建てることができたら理想である。

さらには、長期の住宅ローンを組むことで家計の負担を少しでも軽くするために、保険の見直しをしたり、今あるお金を減らさないための家計管理を教えたり、資産を増やすための運用アドバイスを行なったり、不動産取得税や固定資産税など、税金のアドバイスや相続が発生したときの段取りをつけるなど、住宅購入者の生活のすべてに関わり寄り添っていけるのがＦＰなのである。

不動産・資産運用・保険・ローン・税金・ライフプラン……と、士業にはそれぞれの専門知識ではかなわない分野があるかもしれないが、その知識が幅広いおかげで顧客のあらゆる要望に応え、ビジネスをプロデュースすることができる。ＦＰの本来の仕事はこれだ、と私は考えている。これらの知識やプロデュース力を最大限活かせるのは住宅関連しかない。

保険であれば、プロデュース力を活かせても税金や運用やライフプランの知識くらいで、不動産まで派生することは少ない。しつこいようだが、住宅関連であれば、顧客のライフステージのすべてにＦＰが必要とされ関わることができる。最も相性のいい分野なのである。

事業用ファイナンス能力で稼ぐ

事業用ファイナンスというのは、法人向けの事業用の融資ということである。なぜ、これで稼げるかというと、社長は融資等の知識に関して疎いことが多いからだ。融資を受ける機会というのは、年に1回とか数年に1回という方も多いだろうし、すべてを銀行の担当者に任せていることが大半だし、まったく融資を受けたことはないという方もいる。

私の経験則で申し訳ないが、8割方の経営者が借り入れは年に1回あれば多いほうだと思う。そういった、あまり経験のないことに対して、しっかりとした知識を持って実務的にもどういった書類を用意しておけばいいのか、書類には何を記載すればいいのかなどをアドバイスできれば、たいへん重宝がられる。

まず、事業用の融資は金融機関の種類から、大きく分けて国民生活金融公庫と民間金融機関に分けられる。民間の金融機関は都市銀行、地方銀行、信用金庫、信用組合、ノンバンクといわれるものだ。全部で6種類あると考えるといい。ただ、私の中では大きく三つに分類している。

というのは、ほとんどの融資は都銀・地銀・信金・信組というのは、「保証協会」というところの保証を得て融資をする仕組みになっていて、この「保証協会」というのが地域にひとつあってここが許可をすれば融資をしてもいいよ、ということになるので、それぞれの金融機関が融資をしてくれるという流れだからだ。

したがって、「公庫」「協会」「ノンバンク」というのが私の中での分類である。

民間の事業融資についても、大きく分けて2種類の融資がある。「保証協会」を通じて行なう融資（地域によって商品、条件等異なる）と保証協会を使わずに金融機関独自に実施する「プロパー」と言われる融資がある。

今さらながら言うことではないが「保証協会」というのは、万一融資を行なった会社が倒産をした場合、その会社に代わって金融機関に返済を行なう機関である。

たとえば、A社に1000万円貸したが倒産してしまった、協会がA社に代わって1000万円の返済をするということで、金融機関にしてみればリスクが小さくなり、安心して行なえる融資の仕組みということができる。

この「保証協会」というのは、地域によって異なり、商品も融資条件も変わってくるので、ホームページ等で確認しておくといいだろう。

一般的には、企業はこうして最初は「保証協会」の保証を得て金融機関から融資を受け、事業を行ない規模を拡大する。実績を重ねると、「保証協会」側にも企業のリストがあって、それぞれの企業に点数を付与されたり、アルファベットで決められた格付けがある。その順位が上がってくると保証協会なしでも、銀行独自の「プロパーローン」を借りることができるようになる。保証協会を通じると、「保証料」といった経費がかかるが、プロパーローンには保証料はかからないし、金利も交渉しだいになってくる。

事業用融資は、短期と長期との2種類あるが、短期というのは1年未満の短い期間で返済するもの、長期は1年以上の返済期間のもので、金利は当然短期のほうが低い。一括返済といったものもあるが、それはまた後で述べることにする。

FPが経営者から、「融資を受けたい」と言われたときに何を準備するのかというと、決算書、貸借対照表、損益計算書、その他経営状態がわかるものがあるといい。いわゆる企業の成績表だ。もちろん、成績がいいほどお金を貸してもらいやすくなる。後は事業計画である。何年後に事業所を増やしたいとか、設備投資をしたいとか、そのために売上げはこういった方向で伸ばし、経費はこのくらいで、利益はこのくらいといった根拠に基づいた計画をしっかり示すべきである。

後は、資金繰り表。売上げた金額がそのまま入金になるわけではないというのをご存じだろうか。「売掛」と言って、入金が2ヶ月3ヶ月先になることもあるわけだ。大きな売上げがあったとしても、現金が入ってこなければ資金がショートしてしまうケースも発生する。

つまり、実際にその月に現金がどのくらい入ってきてどのくらい出て行き、手元にどれだけ残るのか。今後、現金がどう増減するか、それを表にしたものを資金繰り表というが、これも必要になってくる。要は、金融機関が融資した資金をきちんと返せる要素があるのかどうかを見るための資料ということだ。

後は借入する「理由」だ。できるだけ明確な理由があるといい。たとえば、土地と建物を購入して半年後にはお客様を見つけて売りたいというような計画があれば、半年後の一括返済という形で借り入れをしたいといった明確な理由が必要だ。

ここで、もうひとつ説明しておきたいことは、分割で返済するのではなく、1000万円を借りたら半年後に利息をつけて1000万円返します、といった一括返済方法もあるということである。

設備投資というような大きな投資になれば、長期返済の根拠が必要になる。「理由」に関しては当然前向きなプラスの要素が多ければ多いほどいい。「借りられないと潰れてしまうから貸してください」というより、「事業を大きくして売上げを上げたいから借りたい」というほうが、貸す立場からすればいいに決まっている。

また、これは融資とは違うが、今借りている融資が景気の悪化に伴って返すのがたいへんになってきたというケースもある。いわゆる、「リスケ（＝リスケジュール）」という条件変更の際にも、これらの資料が必要となってくる。

リスケジュールには2パターンある。ひとつは元本の返済を猶予してもらい、利息のみを払う方法。もうひとつは、払える金額でローンを組み直し、支払期限を延ばす方法。私のお薦めは後者だ。以前と比べると少しずつだが、元本が減るわけだから、支払う利息も減っていく。新たな借り入れを起こさなくてもリスケジュールすることで、資金をうまく回転させることができる可能性もある。

ただ、リスケジュールすることで、金融機関に対しては金融事故と同様のマイナスイメージを植え付けてしまうため、その後の借り入れはしづらくなると考えておいたほうがいい。

その後、リスケジュールを解消し、業績が好転すれば新たな借り入れもできるようになる。その際に気をつけたいのが、税金の支払いである。せっかくリスケを解消し、以前のような財務体質になっても、この厳しい時代に税金を延滞している会社が多いのである。税金の未払いがあると、借入がとても難しくなる。

なぜなら、税金は抵当権などの権利より先にあるもので、万一のときには、一番優先されて回収される。さらに、延滞税がとくに高い。本税が完納されるまでかかる税金なので、なるべく早めに支払いしていただきたい。

こうした事業融資の話もわかったうえで、クライアントと話ができるようになると、「一度借り入れを起こすのを手伝ってくれないか」とか、「リスケジュールを手伝ってくれないか」という話にもなる。

クライアントにしてみれば、住宅ローンを扱っているのだから、当然融資の話にもくわしいし、付き合っている銀行も多いだろうと考えている。事業用ファイナンスについても学び準備しておくことで、クライアントの信用も獲得し、収益をさらに大きくすることができるのだ。

法人向け事業プランニングの面白さ

個人向けＦＰサービスの要となるのがライフプランニングだと思うが、法人に向けては事業のプランニングだ。これを立てていくことは大切なことである。これは、たいへん楽しくて夢の広がる作業になる。

たとえば、手前から攻めても奥から攻めてもいいのだが、５年後に売上げをどうするかとかそのために何をするかを考え、そこから逆算していくのがいいだろう。毎月１件契約をし、年間12件で売上げを３０００万円アップすることを目標にすると、そのためには人を雇わなければならない。

では、どのような人を募集するのか。「今回は、正社員を募集しよう」「では、どこに募集広告を出すか?」「ハローワークがいいかな。ただハローワークで募集するなら、社会保険加入が絶対的条件ですが、今まではいかがでしたか?」「では社会保険についても、しっかり検討していきましょう」――このように、目標からどんどんやるべきことを広げて考える方法がある。

簡単に言うと、前向きでプラスになる話がとてもたくさん出てくるのだ。事業プランニングはこの点がとても面白いのと、プラスの話が出てくるということは、自分の仕事が増えるということでもある。

先ほどの例で言うと、「ハローワーク」で募集をかけるなら社会保険に入らないとできないから、「その手続きは、私がやりましょうか？　社会保険労務士にお願いして一緒にやりますよ」などと持ちかければいいのだ。こうして、仕事の数はどんどん増えていくことになる。仕事が増えるということは、ＦＰにとっても売上アップのチャンスということになる。

法人もＦＰも、両者の売上アップにつながるのだから、双方が生きるということで、ここが一番楽しいところだと思う。暗い後ろ向きの話ばかりで、自分が手伝えるような要素をつくらないことより、個人のライフプランと同じで、「結婚されて3年後、赤ちゃんがいるといいですね。赤ちゃんがいたら、家も賃貸より持ち家のほうがいいですよね」と、明るい未来を連想していって自分が手伝える要素もつくり出す。「3年後に家を建てるのだったら、そろそろ土地探しをはじめたほうがいいですね。モデルハウスなんかも見て回るといいかもしれませんね」と、自分で仕事を引き寄せるテクニックも大切なのだ。

法人でもまったく同じで、広告を打つ、チラシを撒くなら一緒に考えてあげるとか、それによってお客さんが1件でも来たら、報酬としてその成約代金の何％かもらう交渉をするとか、積極的に絡んでいく姿勢が重要である。

法人にとっても自分にとっても、いい結果が出るのであれば、マーケティングだったり集客の分野についても積極的に勉強するだろうし、お互いに成長しお互いの収益が上がって、ともに大きくなっていく面白さを味わえるだろう。

資金計画・住宅ローンを切り口にした集客

ＦＰならではの得意分野で集客をするというのはいいが、この手法はやり方を間違えるとうまくいかない。「資金計画・住宅ローンセミナー」といったテーマで広告を打っても、住宅購入希望者に対しては、営業の非常にいい武器となるが、それほど人は集まらなかった。

顧客とのファーストコンタクトとなる広告媒体へのこれらのテーマを切り口とした広告は、多くは集まらないが、逆に来てくれたお客さんというのはとても真剣な方が多いと経験上感じている。

あるいは、まもなく土地や家を購入する方、もしくは年配の方で勉強のために来られたという方。もちろん真剣な方が多いほど、顧客として取り込みやすいのだが、１回の広告で集まるのは、おそらく、せいぜい数件だろう。

ただ、その数件で十分だと思う。そこで、１件２件という形でお客さんにしていけばいいのだ。しかし、このやり方は少し時間がかかったり、一気に大勢をお客さんにできるという爆発力はないため、まずは見学会やモデルハウス等に来た方に対してＤＭを打って、セミナー・個別相談会などへ誘導したほうが効果が高くなる。つまり、セミナーは２度めの集客の切り口として用いたほうが有効ということである。

まずは見学会やモデルハウスに来られた方の中で、さらに情報や知識を得たいといった方に対して、セミナーや相談会を行なうほうが効率はいい。

もし、「資金計画・住宅ローンセミナー」を切り口とした集客で見込み客が見つかった場合、どういったタイプのお客さんが多いかというと、「資金計画」に来てくれる方は、「初めてだから、聞いておこう」という方が多い。「資金計画」といったテーマで何を話すかというと、家づくりの最初から最後までどういうお金が出て行くのか、何のために支払うお金なのかといったものである。1回2回経験すればわかるようになってくる。

まず、不動産屋で土地を購入する場合、仲介料を支払い、土地の代金を支払う。都市計画税や固定資産税、不動産取得税が発生するなど、諸費用とはどんなものがあるのか話せるといいだろう。

ただ、「資金計画」と言っても、お客さんにはピンと来ない可能性もあり、もう少し砕けた言い方をしてもいいだろう。「家を買うのに必要な経費の話」とか「みんなが知らない、家を買うのに必要なお金」などと、なるべくわかりやすいキャッチーなタイトルがいい。

「住宅ローン」を扱うときに集まるお客さんというのは、だいたい3種くらいに分かれる。「ローンは借りられるだろうか」に興味がある人。あるいは、「いくら借りられるんだろう」に興味がある人。または、「金利が安いのはどこか」に興味がある人。これらのニーズを押さえておくといい。「住宅ローンは借りられるのか」を知りたい人というのは少しマニアックだったり、就職・転職して日が浅かったりなどの事情があることが多く、これは正直こちらが少し経験を積まなければならない部分でもある。いずれにしても、このようなニーズを満たすようなタイトルや内容にすると、お客さんの満足度も高まるはずだ。

多いか少ないかは別として、集客はおそらくどこの地域でもできるようになってくるだろう。ただし今の時代、それほど多くのお客は集まらない。その中から、どれだけ高確率で契約に結びつけるかが大事なポイントになってくる。セミナーから個別相談に向かわせ、前にも書いたように次のアポイントを取って、工務店でお会いしたりお客さんのお宅に伺ったりして2度3度お会いして信頼感も得て、FPとしてキャッシュフロー等の相談にも乗り、「これなら買っても問題なく払っていけそうだ」となれば、土地を探したり銀行でローンの仮審査をしてみたり、建物のプランを立ててみたりというように持っていけばいいだろう。

また、あなたに相談が来るようなフック（金具のフックと同じようにお客様の心に引っ掛かる言葉）を入れておくことが大切だ。

たとえば、土地から探すお客さんがいるとする。「土地というのは、どの不動産屋を通しても買えるし値段も変わらない。では、どこの不動産屋で買うのがベストなのか。事務的に契約書を読み上げて判子を押させられて、はい、じゃあ、後はあなたのものです。さようならという不動産屋がいいと思いますか？」「契約1週間前にしっかり重要事項説明書を渡して、説明してくれ、現地を案内して、いいところやリスクもきちんと話してくれる不動産屋のほうが断然いいに決まっていますよね。値段が変わらなくても、そういった良心的な信頼できる業者を選ぶのが大事ですよ」といった情報を伝えて、提携している対応のいい不動産業者を紹介してあげるとお客さんも喜ぶだろうし、また提携不動産業者も喜ぶだろう。ここでも、ＦＰの売上アップのポイントとなる。

私は建物については、そのお客さんのライフスタイルを理解して設計してくれたり、ＯＢ客に会わせてくれたり、ＯＢ客からの評判がいい工務店が信頼できるいい工務店ですよ、と話すことにしている。

というのは、本当にいい建物というのは、たとえ条件の悪い土地に建てたとしても、いい土地だと思わせるくらいに化けてしまう。建物によって、土地の大きな弱点をメリットにも見せることができるため、工務店選びは重要だ。

さらに、それを可能にしてくれるのは建築家だ。建築家の力は、先に書いた弁護士の力に似たように絶大だ。たとえば、建築費に１０００万円の予算があったとしたら、１０００万円すべてを工務店に支払うのでなく、１００万円を建築家に支払って、９００万円を工務店に支払ったほうが断然いい家ができる。必ず提携するべきとは言わないが、数名のいい建築家がいるとあなたのいい武器になるだろう。

ＦＰでありながら、上手な土地の買い方や工務店の選び方や家の建て方などまでアドバイスできれば、大きな信頼が得られるだろう。

FPはセミナーのみならず見学会でも活躍できる

ＦＰは、セミナーをやりたがる人が多い。もちろん、それが悪いわけではないし、効果的な方法でもある。開催しやすくて効率的にもいい。

ただ、ＦＰも工務店の営業マンと同様に、見学会に営業マンと一緒に控えて、来てくださったお客様の接客をするということもひとつの方法だ。一般的な工務店は、来てくれたお客様の情報をできる限り聞き出して、次回のアポを取りにいくことに力を入れる。

少し考えて、戦略的なセールスをするところであれば、まず最初に来てくれた人に椅子に座ってもらい、話を聞いてもらうように仕向け、次のアポを取ったり次の見学会場へ誘導するようなセールス方法をする。この方法は、ＦＰがやったほうがやりやすい。

というのも、家づくりにかかるお金の話で、まずはお客さんに興味を持ってもらえるため、席に座ってもらいやすいのだ。さらに、「どこの工務店で建てても、お金の話は同じですから」と言って、売り込み臭さを消すことができる。

工務店の営業マンが、何か別の話題でお客さんを席に座らせるというのは、かなり難しい。だが、ＦＰが言うと、かなりの確率で着座してもらえる。

営業マンが話をすると、売り込まれるのではないか、といった警戒感があるようだが、ＦＰ

は第三者であり、客観的な立場だと安心してもらえる。私の場合、半分くらいの確率で次回のアポが取れる。

なかには、「通りかかっただけだから」という方もいらっしゃるため、それほど高い確率ではないかもしれないが、見学会で着座してくれた人の半数くらいは「考えているのだったら、一度話を聞いてみてもいいかもしれないな」といった形で次回のアポにつながる。

前に書いたセミナーと同じで、一度アポが取れれば、2回3回と回数を重ねて信頼を得ることでチャンスにつなげることができるのだ。

FPとして、次のアポでやるべきことは、ライフプランを立ててあげることだ。ライフプランを立ててキャッシュフローを見てあげて、お金の面で問題ないですよ、このくらいの予算で土地と建物が買えれば問題なく払っていけますよ、となると、土地探しや住宅ローンの審査や建物のプランなどに展開していくことができる。

お客さんの様子を見ながら、どの方向にもっていくのがいいか、逆に最初の見学会やアポでの話の切り口から、何に興味があるのか想像して進めていけばいい。

「○月○日○時から、90分で資金計画のセミナー開催します」といった、一箇所に一度に何人も集める営業方法も間違ってはいないのだが、個別にお客さんが足を運んでくれた見学会で一人ひとりのお客さんに対して、話をじっくり聞いてもらうことも契約に結び付けやすいので、覚えておくといいだろう。

見学会場でFPがやる三つのこと

見学会というのは、工務店が数十万円という広告費をかけて投資をして見込み客発掘のために行なうものだが、今のような時代にはなかなか参加者も少ない。参加者が少ないと、どうしてもだらけてしまうが、1組でもお客さんが来たら1％でも成約の可能性を上げられるように努力をしなくてはならない。

工務店は、少なくとも3万部ものチラシを打って、来場してくれた方の名簿を取ってさらにDMを打ち、次の見学会やセミナーを案内するなど、1件の契約にいたるまでにかなりのお金と時間と労力を費すわけで、そのチャンスを途中で放棄しまうわけにはいかない。

むしろ、スムーズかつ円滑に契約に結びつくように、FP自身が働くべきである。一番やってはならないことが、その契約までの流れを壊してしまうことだ。

まず最初に、見学会の会場で工務店と確認し合うことがある。それは、営業マンとの役割分担である。お互いにどのように振る舞い、どのように対応し、どのように役を演じるかということを最初に打ち合わせをしておくとスムーズだ。

FPがやるべき、ひとつめのこととして、来場してくれたお客様を着座させるということが上げられる。着座させるにあたっては、なかには得意としている営業マンもいるので、どのように着座させているか、確率はどのくらいかを聞いてみて、自分のほうがうまくいくと思うなら「私のほうで着座を促します。そのときにはこういった話をします」と、段取りをしておくといいだろう。

二つめはアポ取りをすること。これも、営業マンとの確認が必要になる。着座させて話をした後に、FPがアポ取りまでするのか、営業担当者にフォローしてもらうのか、まったく同席してもらわなくていいのか、このあたりの役割についても打ち合わせておくといいだろう。

三つめは、お客様に対してすべきことではなく、自分の営業のためにやることである。これは、お客様や工務店に対してだけでなく、工務店のために見学会場に来てくれた設備メーカーだったり材木屋だったり、そういった方たちとも信頼関係を築いておくということである。

業者さんたちは、他にもたくさんの工務店を知っているので紹介してもらうために信頼関係を築くことは大事になってくる。

「着座させる」「アポを取る」「業者からの信用を得る」――これが、FPが見学会でするべき三つのことだ。さらに、工務店にはできる営業マンもたくさんいるので、スキルやテクニックを盗むこともしていくといいだろう。

ここでの考え方だが、3章で述べた「FP＝先生」というのとはまったく逆になっている。私は、FPは先生であるべきではないと考えている。FPは、ただ何かが得意な人であって、たとえばたまたま住宅関連にくわしい人、たまたま住宅ローンが得意な人、たまたま保険に強い人というだけで、「先生」であるとは考えないほうがいい。先生というスタンスで動くと、行動の広がりが狭くなってしまうからだ。あっちに行って「お願いします」、こっちに行って「お願いします」ということはまずできない。

逆に、呼ばれたり頼まれたりするのを待つ姿勢になってしまうため、こちらから動くことをしなくなってしまう。ビジネスにおいては、そんな窮屈なことをするべきではない。

ＦＰのなかには、すべてを準備してもらって、まな板の上に鯛を「はい、どうぞ」と置いてもらって、初めて「じゃあ、やってあげますか」といったスタイルでやっている人もいるが、それではダメだ。

私は、ＦＰとはトップセールスマンであるべきだと考えている。がつがつ動いて契約を取っていく。もちろん、お客様の利益を最優先し、お客様に最適な方法を選択して契約に結びつけるのが理想である。ただ商品を売るのが優先ではなく、お客様のことを思って動いて、その結果トップセールスマンになることが自分自身のビジネスの幅も広げ、ＦＰとしての幅も広げることになるのだ。

この考え方については、違和感を感じる人もいると思うが、今後はＦＰも営業ができないと展開していくことは難しいだろう。

見学会場で、ＦＰならではのお客様を着座させる方法

見学会では、先にも書いたように、朝一番で、工務店の営業マンとどこまで振る舞うのかを打ち合わせる。いつもやっている工務店であれば、そこまでする必要はないかもしれないが、まだ付き合いが浅い段階では、やはりそれぞれの確認は大事である。

営業マンは歩合制というところが多いと思うので、「おい、そこのＦＰ。何してくれやがんだ。邪魔をしやがって」となってしまうのが、最もまずいパターンである。できることなら役割を分担して、２人で協力してお客さんをとっていくのが望ましい。

よく、「まあまあ、まずは座ってください。立っていらっしゃるのもたいへんでしょうから」と言って着座させようとする営業マンもいるが、無理やり座らせようとしてもなかなかうまくはいかない。

もし営業マンが、そのようなスタイルで座らせようとしているなら、ＦＰが着座させるようにもっていったほうがいい。

見学会場やモデルハウスであれば、まず最初に営業マンがお客様に名刺を渡して対応し、会場の案内をする。「ヒノキを使ってるんですよ」とか、「サッシは2重サッシですよ」、「畳は琉球畳を使っていますよ」など、建材や設備、特徴などの細かい部分を説明してもらう。

会話をしながら、今日来てくれた理由やその人の背景や性格、価値観などを拾い上げられるといいだろう。大切なのは、お客さんが入ってくるときに受付をしてもらうことだ。名前、住所、電話番号は必ず書いてもらうようにする。「書かないと見せないよ」というくらい徹底している工務店もあるくらいなので、ここはきちんとしておきたい。

こうして、まず営業マンが対応しながら個人情報を聞き出し、各部屋を回って説明をしていって、全部を見終わって戻ってきたところで、ＦＰが名刺を出して、「ファイナンシャル・プランナーの○○です。[redacted]工務店の者ではありませんが、今日は、お金や資金のことをお話しするために見学会に来させていただいています。私のほうから、家を建てるためのとても大切なことを二、三お話ししたいと思います。これを知らずに家を建てて失敗した方もいらっしゃるので、ほんの2、3分ですむので、よろしかったら聞いていきませんか?」と話しかけるのだ。

そこで、ようやくテーブルと椅子があるところへ連れて行って座ってもらう。こういった流れでいくと、ほとんどの方が席に着いてくれる。私の経験では、今まで、「嫌です」とか「結構です」とか言う人は、ほとんどいなかった。

ここで聞いてもらう内容は、だいたい三つ用意している。まず最初に、「かかるお金のこと(土地代・建物代・諸費用)」、二つめは「土地の選び方」、三つめが「住宅ローンの話」だ。これらのテーマは、話し方を工夫するだけで面白い話にできると思うので、話し方に注意しながら話すといい。

「かかるお金のこと」とはもちろん、家を建てるときに必要な費用のことである。ここでお客様に気をつけてもらうことは土地代と建物代はわかっていても、その他の諸費用を見落としがちであるということである。これを羅列すると、地盤改良費、ガス・水道引き込み、外溝工事、ローンの保証料、登記費用、火災保険などがある。

「土地の選び方」では車の出し入れを考えて、電柱の位置を気にしたり、ごみの収集場所の位置、送電線との距離、土地の高低など、重要事項説明書にまつわる話をする。

「住宅ローンの話」では、簡単に変動金利と固定金利の違いを話し、それぞれのメリット・デメリットなどを話す。

接客中に気をつけたいのが、お客さんと営業マンが話をしているところへのＦＰの登場の仕方だ。私はいきなり「やあやあ」と割り込んでいくのではなく、「お話し中にすみません」と言って、斜め後ろのほうから入っていくようにしている。

突然正面から現われて、視線が合った状態でニヤニヤしながら話しかけると当然、お客様は「何か売りに来たな。何か話をしにきたな。私の貴重な時間を奪いに来たな」と警戒してしまうため、さりげなく斜め後ろのほうから入っていくのがいいだろう。着座してからのお金の話の後で、次のアポを取るきっかけやタイミングも、お客様の様子を見計らって早めに切り出すか、お客様の話をすべて聞いてから切り出すかは、お客様のあなたに対する興味の深さで決めたほうがいい。

アポ取り率50％！　資金面を切り口にした次回アポ取り方法とは？

見学会で着座してもらったら三つの話をすることを書いた。ひとつめは、「家づくりにかかるお金のこと（土地、建物、諸費用）」について。この三つのそれぞれの話をするのだが、なぜこれを話すのかというと「諸費用」を忘れる方、または知らない方もいるからだ。これは教えてあげなければならない。

とくに諸費用の中で忘れられがちなのが、保証料や登記費用、火災保険だ。2、3分ということで席に着いてもらっているので、ここではあまりくわしく語らず、大きく絞ってこの三つについて忘れがちな費用だということを話す。他にも、いろいろと建物についても諸費用がかかりますよ、土地にも固定資産税などがかかりますよ、と時間が許すようなら教えてあげるといい。

さらに今度は、「土地の選び方」の話。これもただ陽当たりがいいほうがいいとかそんな当たり前な話をしても、お客様だってそんなことは知っているわけで、特異な例、たとえば土地の下のほうにガラが埋まっていることもある、そのガラを掘り出すために50万円以上かかってしまうこともある、ガラが埋まっているかどうかがわからずに買ってしまうと、費用に大きな差が出ますよ――そんな話には誰でも耳を傾けるものだ。

「じゃあ、どうやったらそれがわかるの?」と聞かれたら、土地を買うときにもらう重要事項説明書は多くの場合、契約のときに渡されてさらっと説明されて判子を押して契約になってしまうけれど、高い買い物をするというのに大事なことを記載した説明書が契約のときに初めて渡されるというのはおかしな話で、1週間前にはもらってその土地の状態について契約前にしっかり確認しましょう、といったことを教えてあげる。

また、土地探しの経験の長いお客様であれば、土地よりも家にお金をかけて、すばらしい家を建てたほうがいいことを伝えてあげるといい。建築家が入れば、どうしようもない土地でもとてもいい住宅に変えてしまうことも教えてあげるといいだろう。

三つめの「住宅ローンの話」については、大きく分けて三つ。「変動」「固定」「固定特約」の三つとそれぞれの特徴をお話しする。相手に話をさせたり、質問をして答えさせたりと、なるべく相手に興味を持たせるような話し方を心がけている。

その流れが、次のアポを取る大切なポイントでもあると思うので、タイミングよく質問をしながら興味を持たせる、興味を持たせて、この人はもっといろんなことを知っていそうだな、もっといろいろと教えてくれそうだな、と思わせるような話し方がポイントとなる。

そこで、話し終わった後で、「○○さん、家を買った後、ローンをずっと払っていけるかどうか心配ではありませんか? 論理的にやっていけるかどうか調べられたら、調べてみたいと思いませんか?」、あるいは「住宅ローンはどんなものがいいのか、どう考えたらいいのか知りたくありませんか？」「いくら借りられるのかとか金利はどのくらいか、興味はありませんか？」「土地を選ぶ際に注意したいことはもっとあるんですが、知りたいと思いませんか？」などと持ちかけて、次のアポを狙いにいく。

このように、お客さんが興味のありそうなことをぶつけてみるのだ。何をぶつけていくかは、最初の話の中でお客さんが何に一番興味がありそうかで選択をすればいい。

たとえば、土地のことに興味がありそうだったら、「他にもまだ注意点はあるんですよ。気をつけたいポイントは五つあるんです。そんなに長くない時間なので聞いてみませんか？」などである。住宅ローンに興味がありそうだったら、「家を買うときにはローンを組みますよね？いくら借りられるか、興味はありませんか？」など、お客さんの興味、関心を読み取ってアポにつなげる。

そのときに言うのが、「ふだん、私は高い相談料をいただくのですが、今回は■■工務店さんと提携させていただいているので、無料で結構です。■■工務店で建てなくても、他の工務店で建てても、お金の話は必ず通る道ですよね。自分で勉強するか、ネットで調べるか、あるいは豊富な経験を持ったＦＰに聞いてすぐに知識を得るか、どれがいいですか？」と選択させるようにする。

そうすると、なかには警戒して断られるケースもあるが、半分くらいは「聞いてみたい」ということになる。

次が、いよいよアポを取るときの要になってくるのだが、多くのFPが、たいていその場で「次の日曜日」とか「じゃあ、いつにしますか?」といった形で、お客さんを追い込んでしまう。私の経験上、ここで追い込んでしまってはだめだ。

「私も忙しいので、いつ行けるかわかりません。手帳を見てちょっと調整し、私のほうからご連絡をします。そこで日時を決めさせていただいていいですか?」ということで、いったんは終了するのだ。

後で（その日の夕方など）電話をして、「先ほど手帳を見て、会社のほうとすり合わせをしたところ、○日土曜日の13時なら大丈夫そうです。ご都合はいかがですか?」と確認する。場所についても、「お宅に伺ってもいいし、[redacted]工務店さんの場所をお借りしてもいいですよ」と、相手に決めさせる。

実際は、お客様の家に行ったほうが契約率は高い。なぜなら、その場で源泉徴収票やいろいろな書類を出してもらって、試算などもしやすいし、「家まで来てくれた」と感謝してくれるお客さんも多いからだ。また、家に入ることを許すというのは、ある程度心を開かないとできないことなので、すでに信頼していただいていると判断することができる。

したがって、お客様の家に伺うことはベターではあるのだが、工務店の側からすると、「外で何をしているかわからない」ととられることもあるので、そういうときは工務店で相談を受けることもある。これはケースバイケースでやっていけばいいだろう。

見学会場では営業マンと卸業者と仲よくなろう

やってみてわかったことだが、見学会場では自分自身の信用度をアップさせなくてはならない。これは、自分自身に対する全員からの信用度である。お客様からの信用度もアップさせなくてはならないが、工務店の営業マン、そして見学会場を一緒に盛り上げてくれて説明してくれる設備メーカーなど、業者さんに対しても信用をアップしていくべきだ。

まず、工務店の営業マンの信用を得なくてはならない理由は、信頼関係ができていないと客を取られてしまうのではないかとか、客を逃がされてしまうのではないかなどと思う人が多いからだ。これは、とくに歩合制でやっている営業マンに多い。

決してそうではなくて、お互いに協力し合っていい関係でお客さんに商品を提供していこうと思っている、ということを理解してもらうために、何度も言葉で伝えることが必要だ。そのうえで自分のやり方やノウハウもすべて話して、身の上も話し、怪しい者ではないとオープンにしていくといい。

それでも疑う人がいるかもしれないが、そういったときは何度も見学会場で一緒に仕事をしてわかってもらえるように努力するしかない。

さらに、営業マンから営業する上でのいいヒントをもらえることもあるし、「ふだんはどのようにやっているんですか?」とか、「次のアポは、どうやって取るのですか?」とか、親しくなってスキルを盗んでいくことも大切だ。盗むというと言葉は悪いが、それがまた自分の糧となる。聞いたことや得たことを行動に移して、自分なりに磨きをかけて洗練させていけばいい。

営業マン以外にも、来てくれている設備メーカー、材木屋とも仲よくなるといい。何度も言っているが、彼らは工務店を取引先としているため、私たち以上に工務店をたくさん知っている。いい工務店を知っていることもあるので、そこから紹介をいただくこともできる。

直接、紹介をお願いするのもひとつの方法かもしれないが、私はそれだけではあまり脳がないので、「何のメリットもないのに、何で紹介しなくちゃいけないんだ」ということになってしまうので、できることなら、「御社の商品がひとつでも多く売れるためには、1件でも多くの工務店で契約が上がったほうがいいですよね。私たちFPは、お金の面で心配なことを払拭して契約に結びつけることができますよ。そうすれば、御社の商品がひとつでも多く出て行きますよね」と、工務店と提携することのメリットを伝える。

紹介してもらうことができれば、工務店とは直接話をさせてもらうので会うセッティングをして欲しいと依頼をする。1件しか取引がない業者は少ないだろうから、根気よく続ければ営業先は広がっていく。紹介も、そんなに簡単には受けられないかもしれないが、見学会場で真摯で誠実な態度を見せることで、「紹介してもいいかもしれないな」と思ってもらえるよう努力することが大切だ。

住宅関連の相談には保険・運用・相続の案件がよくついてくる

私にもＦＰの知り合いが何人もいて、保険・運用・相続関連をやりたいというＦＰは多く存在するが、住宅関連をやりたいという人は少ない。ただ、住宅関連の仕事をすると、皆が一番欲しがる保険・運用・相続の案件がたくさん転がってくるようになる。こちらから多少引っ掛けるような話はするが、よく相談されるようになる。

まず保険に関しては、住宅ローンを組むと、この後何十年もローンを払っていかなければならない、１回でも保険を見直して毎月１万２万の保険料が安くなるなら、住宅ローンの支払いも楽になりませんか、といった切り口で話してもらうと、かなり高い確率で保険の見直しにつながる。

私の計算だと、約60％の確率で見直しを希望される。家を買うのであれば保険を見直さない手はないですよ、保険を見直してローンの支払いを楽にしていきましょうと言えば、やるやらないは別として、誰もが賛成するだろう。または、住宅ローンを組めば団体信用生命保険に入るので、今までの保険は見直したほうがいいですよ、という切り口もある。意外と保険の案件は多くあるのだ。

運用については、どのようにすれば展開するかというと、住宅ローンの返済に関して心配するので繰り上げ返済の話になる。繰り上げ返済はいつ頃、いくらくらいやればいいのかといった話もよく出てくる。「繰り上げ返済をして、なるべく早めに返すことが大切ですよ」などと普通は言うのだろうが、私の場合はちょっと変わった言い方をする。株や投資信託で運用しておけばいいという話をするのだ。

なぜかというと、株価が上がってから金利が上がる。必ず金利のほうが後から上がるという特徴を利用する。株価が上がると投資していた金額の利益が増え、利益が増えれば金利が上がったとしても、その利益で繰り上げ返済をしていけば返済期間を短縮したり、毎月の返済額を抑えることができる。繰り上げ返済するつもりで、寝かしているお金があるのであれば、金利上昇に対してリスクヘッジをしておくほうがいい。

フラットのような固定金利でも、返済期間を短縮して支払利息を軽減するために運用は大切である。運用でお金を増やして返していけばいいのではないか。運用というと失敗して損をしてしまうと思っている人も多いが、過去10年間毎年3％の実績を上げている優秀なファンドもある。よろしければそういった商品を紹介できますよ、などと持っていくこともできる。

相続の話は、もちろん相続の要素がないと関係はないのだが、一番案件にしやすいのが親からの贈与があって家を買う人だ。これに関しては、必ずと言っていいほど相談がある。どういう相談かというと、まずは簡単な相談なのだが、親から1000万、2000万円贈与してもらって家を買う、「これは贈与税かかっちゃいますよね？　いくらくらいかかりますか？　それをただにする方法はないのですか？」といったものだ。

おそらく、何となくわかっているから聞いてくるのだろう。その答えを教えてあげるわけだ。どういうふうにしたら税金がかからなくなるとか、税金が軽減されるとかを説明してあげるのだ。

このとき、「相続のときにご心配でしょうから、そのときは私のほうに一報くれませんか？」とひとこと言っておくだけでぜんぜん違う。「ああ、あのときあんなふうに言っていたな」というのがずっと頭に引っかかるようだ。相続税でいっぱいお金持って行かれたらたいへんだというような不安感を誰でも持っているわけだから、「私なら助けてあげられるよ」といったニュアンスのことをちょっと言っておくとお客様は意外と覚えているので、何年か経って電話がかかってくることも少なくない。

保険がやりたいという方の中には、保険だけ頑張って取りにいくという方もいらっしゃるし、運用も同じくファンドを一所懸命売りに行く方も多いだろうし、相続関連の方もターゲットをそこに置いて直接狙いにいく方が多いと思う。

それはそれで、否定するわけではなく大切なことだが、一番言いたいことは、第2のマーケットとして住宅関連も視野に入れると、それぞれの分野に非常に話が展開しやすい環境にあるため、「やらない手はない！」ということだ。

ホームページはつくるな

いきなり何を言うのだと思われるかもしれないが、「ホームページだけに頼るな」ということだ。私は、過去に一度もホームページをつくったことがない。ホームページがなくても仕事には困らず溢れるほどあるので必要ないのだ。と言いながら、最近つくろうかなと少し考えている。滅茶苦茶なことを言っているようだが、ホームページをつくる段階にない人はつくらないほうがいいということだ。

多くのＦＰは、集客をネットだけに頼る。ホームページに何十万円とかけて、毎月の広告費に10万20万円かけて……ネット経由で来る問い合わせは多いかもしれないけれど、有料相談にはいたらず契約率も低いなど、そういった悩みを抱えているＦＰは多い。問い合わせばかりで契約にいたらなければお金にならないわけで、意味がないわけではないがビジネスになるかというとそうでもない。

ホームページを持つと、それなりに見栄えはいいかもしれないし、お客様からもサービス内容やイメージがわかりやすくていいのかもしれないが、私に言わせると、まずはリアルな営業に力を入れていただきたい。

なぜならば、ネットというのは、外部の人の力に影響されやすいからだ。ブログであればそれを運営している会社が、ブログの内容がよくないからといって、いきなり削除されるというのはよくある話だし、商業的な内容とか人を批判する内容だったりすると削除されるなど、自分以外の誰かの胸三寸でいきなり閉ざされることになるわけだ。

「いくつもブログをやればいいじゃないか」と言う人もいるが、それに費す時間ははたしてどれくらい貴重な時間なのかご存じなのだろうか。それに使う時間をリアルな営業活動に使えば、営業先から仕事がもらえるようになる可能性は高いし、その仕事は継続的なものになる確率も高いのだから、よほど有益なものだと思う。他にもネットでPPC広告をやっていて、YahooǃとかGoogleがそれを打ち切ったならば、集客の手段がまったくなくなってしまうことになる。かと言って、そうなったら営業に行くかというと、できない人がほとんどだ。

まず自分でリアルな営業活動ができない人は、ネットに手を出してはならないと私は思う。実際に顔を合わせて、目を合わせて、相手の気持ちや思い、ニーズやウォンツ、どういった思いで家を買いたいと思っているのか、それらを肌で感じてセールスができなければならない。それもできずに、ホームページやブログなどネット上で思いを綴っても、薄っぺらな表現にしかならない。そこが薄っぺらいと相談や契約にはいたらないと思う。だから、問い合わせばかりなのだろう。

実際に顔を合わせて、サービスに満足してくれれば、ホームページに顔を出して推薦してくれる人もたくさん現われるはずだ。

今、私がホームページをつくるとしたら、顔を出して実名で「お客様の声」として登場してくれるという人が大勢いる（実際にまだ作成していないので実現はしてはいないが）。そういう「味方」がたくさんできてから、ネットでの営業をはじめたほうが絶対に効果は高いと思う。たとえ、そこで外部の意図でホームページが閉鎖されたとしても、今まで通りの営業活動を続ければいいわけだから痛くも痒くもない。一時的に新規の問い合わせやお客さんが減ったとしても、今まで通りの業務を継続すればいいわけだ。

まず最初に、お客さんと顔を合わせるリアルな営業をしっかりと行なって、コミュニケーション能力を身につけ、相手のニーズやウォンツがわかるようになってからホームページを立ち上げる。そして、それに頼ることなく、リアルな営業活動を通じて継続的な収入を確保する。ネットからの売上げはおまけだと考える、そのほうがいいと思う。

ホームページやＷｅｂを、１００％否定するわけではないけれど、これに頼りすぎている現状を私はよろしくないと考える。今まで稼いでいる人たちを見ていると、リアルなビジネスがうまい。ここで成功しているからこそ、ネットで語ってもうまくいくわけだ。

リアルでうまく集客できている方のホームページは、顧客が何に興味を引かれるか、興味に対してどういった行動を起こすのか、それに対してどういったページを用意するかなど、かなり考えた戦略を立てている。ただ経験もなく、儲けたいと思い、つくっているページはこんなホームページにかなうはずがない。

chapter

5

法人提携は
こうして勝ち取ろう

法人リストアップ法

工務店に関しての、法人のリストアップ法をお伝えする。おそらくどの業界にも共通すると思うので、応用していただければと思う。

工務店のリストアップ法は意外に簡単で、ただ名前を連ねていくだけならそれほど苦労はしない。なぜかと言うと、工務店自身が積極的に自らをアピールしているところが多いからだ。具体的には、広告を出しているところが多い。一般の個人顧客を集客しようというわけだから、いたってわかりやすくて見やすいところに広告を出している。

新聞の折り込みとかポスティングチラシ、地域の新聞やタウン誌、それから専門誌、また市販されている住宅雑誌で組まれる、注文住宅の工務店特集などに広告を載せている工務店も多い。そういった媒体に広告を載せる工務店の中には、何百万円といった単位で広告料を支払っているところも多い。

そのため、広告に何百万円と払っている会社であれば、うまく提携して仕事を持ってくることができれば、付き合ってくれる可能性が高い。言い方は悪いかもしれないが、そういった工務店に狙いを定めていくというのはいいかもしれない。

他にも、タウンページの広告やホームページを持っている会社も増えてきているので、こういうところからリストアップしていってもいいだろう。私の場合は、主にホームページと雑誌からリストアップしている。工務店の家を建てる想いとかポリシーといったものも知りたいので、広告だけではわかりにくいこともあり、ホームページや、特集などでページに取り上げられている雑誌を見てチェックするようにしている。

私は、リストアップというのは結構重要だと思っていて、1件見つけてきたらその会社と提携できることを、頭の中で念入りに計画し妄想していく。夜寝るときにさえ、その会社にどうやってアプローチしようかと考えながら寝るほどで、その会社に対する営業計画はじっくり練るほうである。

100件200件、リストアップするのは難しくないとは思うが、1件1件に対するアプローチの密度を考えると、厳選した数十件のリストでも十分だろう。

具体的なアプローチ方法だが、いいと思う会社があったら、いきなりその会社にインターホンを押して入っていくことはないし、「こんにちは」と訪ねて行くこともないが、まず最初に会社がどこにあるのかを見たり、周りの状況やその会社に出入りする人の様子を見る。また、その工務店が建てた物件を見に行く。「現場をどうやって調べたらいいんだ」という声があるかもしれないが、現場見学会というのは必ずホームページやチラシなどで告知されている。もし、その見学会にお客のふりをして行くのが嫌であれば、日にちをずらして行けばいい。私も自分の行きたいときにふらっと行くのだが、その際、見るポイントがいくつかある。

まずは、現場が散らかっていないかどうか。現場が汚いと、いい加減なのだろうとか管理が行き届いていないのだろうな、などと考える。

逆に、管理が行き届いている現場は、たとえば建物の基礎の部分に青いビニールシートが敷いてある。現場で落ちてくるゴミを一気に片づけられるようにということと、落ちたゴミを土の上に落とさず、ほうきで掃けるようにするためである。これが、建築業界では当たり前になってきているので、それができているかどうかを確認する。

また、出入りする大工などの職人たちがタバコを吸いながら作業していないかとか、コーヒーの缶などが散らかっていないかどうか、もっと厳しい目で見れば仮設のトイレが臭くないか、そんなところも提携先として選ぶのにふさわしいかどうかをチェックポイントとなる。資材をきれいに並べているか、ゴミはきちんと分別しているかなども意外とポイントになってくる。

ゴミの分別など、家庭レベルの話に聞こえるかもしれないが、今ゴミの処理というのは企業、とくに工務店においては年間数百万～1000万円以上かかるところもあるため、大きなポイントである。

なかでも、材木とダンボールは一緒に捨てると高くつくが、分別してダンボールはダンボールでまとめ、材木は材木でまとめて捨てればコストはかなり下がる。

そういったところに気を配っている会社かどうかということも、現場を見ればある程度見分けがつくのだ。こういうところからも、いい会社か悪い会社かということが見えてくる。

また、周囲にこの会社を知っているか、どういった会社か？　ということを聞いてみるのもいい。なぜ情報をかき集めるのかと言うと、その会社のニーズ、ウォンツ、あるいは弱点を知りたいからだ。それを知って、武器を持って乗り込んでいって攻めるのか、何も知らずに出たとこ勝負でいくのかでは、まったく戦い方が変わってくるのだ。

だからこそ、その会社の情報というのを徹底的に洗い出すのは大切になる。ここに時間をかけるべきだ、と私は思う。さらに言うならば、コネクションがあるかどうか。相手先の会社を知っている人が1人でも2人でもいるならば、そこからつないで紹介してもらう。そういった貪欲な姿勢が必要である。

私がつくった法人向けのDM

ここで、私がつくったDMをご紹介する。そのまま転載するだけでは意味がないので、後ほどそのテクニックを公開しよう。

契約成功率・売上アップをお手伝いします!

こんにちは。住宅ローン専門ファイナンシャル・プランナーの○○　○○です。

日本の住宅ローンには現在約5000商品があると言われております。家を建てたいと思っている方の大半は住宅ローンを組むことになりますが、どうやって選んだらいいのかわからないのが実状です。

銀行などから勧められるままで組んでしまうと、間違った選択だった場合、簡単に500万円の差損が出てしまいます。

また、多くのハウスメーカーや工務店営業マンは1~2銀行の否決で諦めてしまいます。

住宅ローン専門ファイナンシャル・プランナーが、多数の提携銀行の中からどうやってローンを選べばいいのか、御社の大切なお客様にお伝えし、住宅ローン審査の承認確率をUPさせます。

せっかく御社を気に入って家を建てたいと来られた方でも資金計画が不安など、何らかの理由で断念されてしまうことはありませんか？

また、借地権で35年ローンが組めるか？　他にも借入がある、自営業である、転職してすぐ等々の理由でローンが通らず、お困りではありませんでしたか？

このようなケースでも、専門家との独自のネットワークを使ってローンを通すやり方があります。

◎御社のメリット

1. 住宅ローンが困難そうな方のローンを通します
（住宅ローンのスコアリングが上がるポイントを知っています）
2. 家を買う不安を払拭する資金計画を立て成約率がアップします
（住宅支援機構の資料より、家を購入しない人の8割が資金面での不安から購入しません。不安を払拭します）
3. 煩わしいローン手続きをすべていたします
（貴社は、お客様にすばらしい間取りプランを提供してください）
4. つなぎ融資を用意します

（下請業者等に頭を下げなくてもよくなります）

5．完全成功報酬制です

（請負契約・ローン実行されなければリスクなし！）

◎優遇金利取り扱い実績のある金融機関

○○銀行、□□銀行、△△銀行　等

～お客様の声～

我が家のライフプランニングから相談に乗ってくださり、家を建てても大丈夫なことがわかり安心して住宅ローンを組むことができました。保険の削減や税務的なお話もとても役に立ちました。

（○○市　K様）

～工務店様の声～

当社では、営業担当がお客様のローン相談に乗ってきましたが、○○さんのようなお客様に合った適切なアドバイスは正直できなかったと思います。これだけ多くの金融機関の中から、細心の注意を払ってローン審査が通るようにしていただいているので大変感謝をしております。

（○○市　M社）

成約1件当たり　○○万円

このＤＭを読んでご連絡をいただいたお客様には特典として……

特典

1・住宅ローンシミュレーションツール
　営業で使えるローンシュミレーションソフト
2・お客様向け無料セミナー（1回）
　住宅ローンセミナー（高確率成約セミナー）5～6割の確率で成約へ導きます。

ローンアドバイスの結果、お客様がご成約に至らない限り、御社に一切のコストは発生いたしません。

御社のリスクはほとんどゼロです！

まずは、ローンアドバイスの詳細について社長様とのご面談にてお伝えします。その上でご利用いただくかどうかをご判断ください。

メールかお電話で御社名、ご面談希望日をお知らせ願います。

お待ちいたしております。

ＴＥＬ：
ＦＡＸ：

携帯　：
e-mail：

これは、住宅ローンの専門ＦＰとして出すＤＭだ。物珍しいということで、当時反応がよかったＤＭである。ただ、これをそのまま送るのではなく、開封してもらう努力が必要だ。たとえば、封筒に「ローンが通らないお客様がいらっしゃる工務店様へ」などと一文を載せるだけでも大きく違う。

また、ボールペンを同封して「何か入ってるぞ」と思わせるのもいい方法だ。いろいろと方法はある思うが、２次的な利用方法もあるので今後そのテクニックをお教えする。

法人営業の三つのコツ

私はサラリーマン時代に、法人営業を徹底的にしてきたのだが、そのときに学んだことは、法人営業というのは、個人の営業と違って、三つのことを基本的に行なえばいいということだ。

まず、ひとつめは「売上アップ」。法人営業するにあたって、「売上げを上げますよ」といった切り口は、最も強力な武器となると私は考えている。たとえば、今まったく仕事がない、営業する気もない、そんなダメなFPがいたとする。「では、私が仕事を取ってくるから利益を半分ください」と言えば、だいたいは「いいですよ」と言うだろう。ましてや、何のリスクもないと言ったら、願ったり叶ったりだろう。要は、それだけ「売上げ」は誰でも欲しいものなのだ。ここを攻めない手はない。

たとえて言うならば、建物を建てるときの「請負契約書」。請けて負う、読んで字のごとく「引き受けるほうが負ける」となっているほどだ。請け負ったほうが負けてしまうくらい、商売の世界では仕事を出す出さないというだけで、立場が逆転してしまうものなのである。

とにかく、法人営業のコツは相手にを勝たせて儲けさせることだ。儲けさせることで、そのサービスとか商品を、今までより多少高くても入れざるを得なくなってくる。そういう意味でも、まずは「売上アップ」ということを念頭に置かなくてはならない。

次は、「コストダウン」。利益を生み出すためのひとつめの要因である。すでに売上げが安定している会社などは、ここにポイントを絞ってもいいかもしれない。仕入先を見直すとか、同じ努力で利益が倍になるのであれば、間違いなくそちらを選ぶ。今まで月1件の契約で100万円儲けていたが、1件の契約数は同じでも利益が200万円になるなら仕入先を変えてもいいか、と思うわけである。

仕入れは利益を生む大切な要素となるため、コストダウンは大切である。先人たちは「商売は仕入れにあり」と言ったほど、商売の基本なのである。

次に、「時間を短縮させる」ことである。納期が、今まで1週間かかっていたものが3日でできるようになれば、同じ1週間でも製品が2倍以上できることになる。その分、売上げも上げることができ、利益を増やせるかもしれないということで、納期短縮の考え方も重要になってくる。「時は金なり」とはよく言ったものである。

このように、法人営業をするにあたっては、「売上アップ」「コストダウン」「時間短縮」をさせてみせます、というのを売り文句にして攻めていくのがいい。もし、ひとつだけしかないというなら、やはり「売上アップ」で攻めたい。私と付き合えば、売上アップさせてあげられますよ、といった筋書きをつくればいい。

この三つとも、一度に実現してあげられるのであればなおいい。売上げはアップさせられるし、コストは下げられる、さらに時間を短縮させることもできますよ、付き合わない手はないでしょう、と。

この三つのコツで営業に飛び込むわけだが、まず最初にアポイントを取るにしても、この三つを念頭に話すといいだろう。まず、「私と付き合うと売上げがアップできますよ」といった要点を電話で伝える。

よく会社にかかってくる電話の営業で、「H社に替えると電話代がお安くなります」といった電話会社の代理店のセールスがよくあると思うが、正直言ってあのアポの取り方は下手くそだと思う。要は、先ほどの三つをきちんと踏まえて、要点を短く整理して電話をすることが重要なのだ。

セールスも、話を聞いてもらえる時間がしっかり取れるなら、この三つをより具体的に話をするのがいいと思う。たとえば、1200万円しかローンが組めないお客さんがいる、と。工務店にしてみれば、それでは家が建てられない、銀行に聞いても無理だと言われた。もう少し借り入れをアップすることができないかと悩んでいる。そこで、「では、私にやらせてください」ということで請け負ったら、2000万円まで融資を受けることができた。よくよく計算したら、2000万円融資を受けても無理なく支払っていけそうだ。生涯払っていくのに厳しめに試算しても破綻することはなかったので、2000万円まで銀行のほうも融資してくれることになりました。こう導くことができて、お客様にも工務店にも喜んでいただけました、といった話ができれば、先方もイメージがしやすい。

ただ、「私と付き合うと売上げが上がるよ」というよりも、できるだけ具体的で、売上アップのイメージが湧くような話をするのが秘訣だ。「コストダウン」や「時間短縮」の例でもいいが、どの話をするかはそのときの相手の反応や様子を見ながら出していけるように、同様にイメージができるような具体例をいくつか用意しておくといい。

10件の電話で3件のアポ取り

私が、まず何よりも大切にするのはリストアップだ。リストアップの大切さは、先にDMの話で書いた通りだ。リストアップした会社に電話でアポを取ろうとするとき、私は他の人とは違った点を意識する。たいていの人は、電話でアポを取ろうとするとき、電話に出た人に対していきなり、「決裁者（責任者）の人に代わってくれ」と言う。

これは、私に言わせればナンセンスだ。当たり前のことだが、こういった営業電話は会社にはたくさんかかってくるので、物を買わされると思えば「今、いません」となって代わってもらうことはできない。電話を取り次いだのでは、社長の信頼を失いかねないので電話に出た社員も社長や役員には代わりたくないのだ。だから、最初から決裁者に代わってくれなどと、決して言ってはならない。

私がどうするかと言うと簡単で、電話口に出てくれたのが受付の女性であっても、責任者に話すのと同じように説明するのだ。

「お忙しい中、お電話して申し訳ありません。実はかくかくしかじかで売上げを上げることができます。コストダウンを図ることもできます。時間の短縮をすることもできます。もっとくわしくお話をしたいので、お時間をいただけませんか？」といった具合だ。

またここで、「ＦＰ」であるとアピールするといいだろう。アポの電話をしていて実感するのが、ＦＰに対して「堅い商売である」とか「嘘はつかない」といったイメージを持っている人が多く、「胡散臭い」という態度で話を聞く人は少ないのだ。

だから、みんなもっと自信を持って電話をしてもいいと思う。また、やっている人が少ないから物珍しいということもあるかもしれない。テレアポをやるのであれば、チャンスかもしれないと思っている。

アポを取るときも、電話口に出てくれた方にきちんとした態度で説明をすると、決裁者や責任者の方に代わってくれたり、「今は不在なので、後でもう一度電話ください」とか「こちらから折り返し連絡します」といった形になることが多い。

そこで頑張って、もう一度電話をし、担当者につないでもらえたなら、もう一度同じセールストークをする。1回目に出た受付の女性であれば、「前回はつながなかったけれど、何だかよさそうな話だから、つないでみようかな」となるかもしれないし、つながなかったせいで損になって怒られてはいけないから社長に代わろうかな、となる可能性もあるのだ。そこで社長や決裁者の方と話をする。ここまでくれば、10件中3件はアポが取れる。

リストアップが一番重要だと言っているが、トークに関しても法人営業の三つのコツが同等に大切だ。社長とつないでもらったときに、さらにいろいろと質問されるかもしれないので、より具体的な成功をイメージできる話を用意しておくといい。

その場で、できればアポイントを取りたい。さらにくわしくお話ししたいので、お時間をいただけませんか？　ということで、その場で手帳を見ながら「○曜日の○時」と約束してしまう。あまり遠い先はよくないかもしれない。1、2週間以内に時間を取ってもらえるといいだろう。

ここで会うことができれば、付き合っていただける可能性はかなり高まる。何らかのサービスで付き合ってくれることが多いので、リストアップとアポ取りはしっかり頑張っていただきたい。

ＤＭで反応ゼロでも提携契約できたわけ

先に紹介したＤＭだが、必ずしもこれだけで反応があるというわけではない。「何だ、北島。逃げてやがるな」と思われるかもしれないが、これは言い訳ではなく、実際に反応があったときもあり、なかったときもあるので、ＤＭのせいだけにされても困るのだ。

なぜなら、リストアップした会社、地域性、時期やタイミング、その他ＤＭの工夫されている部分などが大きな要素になってくるため、必ずしもＤＭの内容だけでお客様がたくさん集まるわけではない、ということは理解しておいていただきたい。しかし、たとえ反応がゼロでも、提携に持ち込めるテクニックをご紹介する。

私自身が、ＤＭを送っても反応がゼロということもあった。にもかかわらず、１件も問い合わせがなくても契約ができた理由というのは簡単で、ＤＭを送った後で直接営業に行ったのだ。「どのようにして営業したのか？」と思われるだろうから、ご説明しよう。まずはＤＭを送る。私がＤＭを送る理由というのは、もちろん、それに反応して問い合わせ等があることも期待はするのだが、それ以上に営業の布石にするためである。

ＤＭの目的は、反応よりも飛び込み営業の布石に使うことなのだ。刈り取るのは営業で行なう。では、具体的にどういったセールストークでいくのかと言うと、「先日、こういったＤＭ

を送らせていただいた北島と申します。社長様かご担当者様はいらっしゃいますか？」といくのである。こちらが来た理由を、受付の方に話ができるのである。来てしまったら、いちおうは対応しなければならないから、取り次いでいただきやすい。

しかし、話の内容を問われることも多いため、法人営業の三つのコツを押さえたセールストークでご説明しよう。DMが布石なのは、こちら側だけの気休めかもしれないが、何の縁もゆかりもない会社にいきなり行くよりも、一度でもDMを送っているのとではまったく違う。不思議と相手も納得してしまう。

DMの反応がゼロというときは、ほとんどのお客さんがDMを見ていないことが多い。DMを読んで反応がゼロだったかというとそうではなく、そもそも見ていなかったということだ。

そこで、「読んでください」ではなく、「くわしくご説明しますよ」といったスタンスで直接会いに行くのだ。

私はいつも、無駄足にならないために、時間帯を選んで訪問するようにしている。社長や部門の責任者という方が会社にいるのは夕方ということが多い。営業に出かけて行って帰って来る、5時6時に会えることが多いので、この時間帯に工務店の営業に出かける。夕方から廻ると日が落ちてきて、帰り支度をしはじめるところに行くものだから、午前の忙しい中よりも話は聞いていただきやすい。その後の予定も空いていれば、腰を据えて話を聞いてくれる方も多かった。

また、訪問するなら土日もお薦めだ。土日というと、工務店ではかき入れどきと思われがちだが、意外と営業の方や責任者、社長などが社内にいることが多いものだ。

そういった時間帯を選んで、営業に出かける。もちろん、アポなしである。アポを取ろうとすると、話を聞いてもらえない可能性もあるので、いきなり押しかけるしかない。もちろん、空振りのときもあれば、聞いてもらえないこともあるが、実は工務店の社長や営業の方などは情深い人が多くて、結構話を聞いていただける。

私の場合だと、いきなり行っても7割くらいは聞いてくれたと思う。なかには、嫌そうな顔をする人もいるが、そこは気にしないほうがいい。当たり前のことだが、そんなことを気にしていたのでは仕事が取れない。いい工務店に出会うためと割り切って、乗り越えなければならない壁だと思って我慢して進んでいただきたい。

実際に営業をしていると、本当にいい工務店もある。コンサルティングや他の協力なしで自社だけでうまく集客していけるシステム（広告、営業活動、組織など）を持っている会社でも、ＦＰの経験や知識は大事だと柔軟に考えてくれてどんどん仕事をいただき、感謝し尽せない工務店に出会えることもある。

また逆に、建築の知識や人生や経営の経験なども教えてくれ、恩人として一生涯ずっと付き合っていきたいと思わせる人たちと出会うこともできる。たとえ、10件営業に行って6、7件怒られて帰ってきてもそんなことは気にせず、生涯の仕事のパートナーとなるような大切な人

に出会うための試練だと思って頑張って欲しい。ともに会社が成長したときの喜びは、何にも代え難いものとなるだろう

結論を言うと、ＤＭは送るだけで終わりにするのではなく、直接営業をかけに行くためのツールだと考えることである。営業して刈り取ることで、提携することができるのである。反応がゼロでも気にすることなく、前向きに積極的に攻めていただきたい。必ず提携してくれる会社が出てくるはずだ。

こんな会社とは付き合うな!

細かいことを言うときりがないかもしれないが、私が経験したなかで、こんな会社とは付き合わないほうがいいというケースをお伝えしたい。こちらから営業に行っておきながら、付き合ってみて「こんなやつだったのか」と思い、取引をやめさせていただいた例もある。

たとえば、支払いの悪い会社である。約束通り支払わないとか、支払いの期日が長いという例だ。少なくとも、請求書を出した翌月に支払いがないというのは、商売ではないと思う。翌々月支払いということもあるが、FPが請求する金額が何千万円ということは滅多にない。

私が請求する額でも最大の額で数百万円で、それも先方には既にお金が入った後なのにそれでも払えないと言われると、はたして「払ってくれるのか!?」と心配になる。そんな余計な心配や労力を使う取引先は、後々悪くなっていく可能性がある。悪くなるというのは、債権回収など嫌なことを押しつけられたり、世間一般の常識とはかけ離れたことを承諾させられる恐れもあるので、そういう会社とは早めに取引をやめたほうがいい。いくら仕事がもらえても、お金がもらえなければ意味がないからだ。

なかには、「金は払うのだから、言うことを聞けよ」といった横柄な態度の方もいた。金を払っているのだから言いなりになれとか、従業員以下の扱いをするような社長なら取引はしないほうがいい。

他にも、大手ハウスメーカーで、「絶対にローンを通せ」とか「絶対に契約させせろ」とか無理やり押しつけるところもあった。一番最初の段階で、ローン相談の依頼があったときにコンサルティングをするのであって、ローンの承認を保証するものではないと何度も念を押しているにもかかわらず、「必ず通せ」とか「この条件ではないと絶対だめ」といった要求をしてくるところもあった。そのようなところとは取引をしなくてもいいと思う。

他力本願的な人は、ある意味自己中心な人間なので付き合う必要はない。ただ、自分の都合のいいように振り回されたり時間を取られるだけなので、こちらは何の得にもならない。これは早い段階で気づけばいいのだが、一度失敗すると嗅覚が働くようになると思うので、それを大切にしてもらいたい。

また、非道徳的なことを押しつける会社も多々あった。たとえば、親切心で工務店の社長に解体業者を紹介したから、その工務店の社長が、お客紹介料を払ってもらえるように説明してこいとか、「北島君の責任で何とかして来い」といった言い方をした社長もいた。

そこまでの契約をしていれば、やらなくてはならないだろうが、もちろん私はそんな契約はしていない。そんな話を、「うまくやれ」と言ってきたり、それはおかしいと指摘すると怒るなど、そういった非道徳的なことをする会社はすぐに縁を切ったほうがいい。

最初に話した「支払いの悪い会社」というのは、単に資金繰りが悪い会社ということででくくれるが、それ以降の身勝手な要求をしてくるとか非道徳的なことを押しつけてくる会社に共通しているのは、私の経験上、経営者が自己中心的で自慢ばかりしている。「俺はこんなすごいことをしたんだ」とか、自分のことばかりを話し、自慢をする人は、たいてい自分のことしか考えていない。そういったところにも嗅覚を鋭くしておく必要がある。

「悪い会社」を知っておくと、逆に「いい会社」がわかりやすくなってくる。そして、その「いい会社」の有難さが痛感できる。ますます、その「いい会社」に力を尽くしたくなる。

では、「いい会社」とはどのような会社か？　それは、チャンスをくれる会社である。小さいことかもしれないが、必ずチャンスをくれるので、それに気づき確実にきちんと応えていくことが大切だ。そういう会社の社長は世話好きだったり、新しいものに興味を持ったり勉強家だったりすることが多い。名前を挙げていいかわからないが、㈱ナックという会社は、意外とＦＰの仕事について柔軟というか、入っていきやすいといったイメージがある。

㈱ナックは、ダスキンの代理店で、その後いろいろな事業に進出し、工務店のコンサルティングもしている会社である。その会社で、工務店の経営に関わる情報を商品として高額で販売している。

まずは早めにいい工務店と出会い、その対比で悪い工務店との取り引きは止める決断力を持ち、少数でも精鋭な取引先を増やしていくべきである。

非FP的集客方法で個人客を集めよう

非FP的というのは、一般的なFPの集客方法ではない、という意味でここでは使わせてもらう。FP的というのがどういうものか、私の考えを言わせてもらうと、前にも書いたのでわかると思うが、まずホームページで集客するとかフリーペーパーなどに広告を載せて小冊子を配るとか、エモーショナルなマーケティングをして、反応してきた人に対してのみ営業するというような方法である。それはそれで悪い方法ではないが、ここでは他に大きく分けて二つの集客方法をお話しする。

ひとつは、工務店と共同集客をするということだ。私の場合、広告費を折半している。たとえば、見学会場に集客するにあたって広告費が10万円かかるとする。では、これは○○工務店と当社北島ファイナンシャルデザインとで折半して、5万円ずつ払いましょう、その代わりに出た利益の何割を私にください、来てくれたお客様に対して他の営業もさせてくださいなど、条件付のやり方もある。

これが効果的なのは、地元の有力な工務店などとタイアップできると、ブランド力もあるため非常に集客力があって、大きな効果が期待できる。少しずるい作戦かもしれないが、先方が乗ってきてくれるのであれば面白いやり方だと思う。そこで集客して、契約に結びついたらお金がもらえるだけではなく、来てくれたお客様のリストがその場で集まるし、そこから保険、投資信託といった展開につなげることもできる。

たとえば、「家をこれから買うつもりでいるなら、できるだけ無駄な支出を避けなければいけません。まずは、保険を見直しましょう」といったセールストークが有効だ。私の場合は、工務店と家を売るための集客をしてきたが、これは工務店と仲よくなって、先方が提案を受け入れてくれれば、FPとして効果的ないい集客方法である。

二つめは、DM等で反応があった工務店に対して提案を行なっていくことだ。お客様を契約に結びつけることが、営業力のない工務店にとっては最も興味を引くポイントだと思うが、「FPを使って、まったく工務店の臭いをさせずに集客するのはいかがですか?」といったアピールだ。たとえば、「北島FPが教える住宅の〇〇」といった形の集客法なら、工務店の商売臭さが消えますよ、とこちらから提案していくのだ。

この場合は、工務店のほうに広告費等はお願いする。その代わりに、「契約に向けての面倒なことはこちらが担当します、必ず契約に結びつけます」ということで集客をする。これも、FPが表に立つので、保険や運用、相続などの話をしてもいいだろう。

これらは、相手の力を利用した方法だが、とても効果的な方法なので、ぜひチャレンジしていただきたい。

出版社から学んだ、媒体を持つという考え方

私が工務店営業に励んでいる頃、とても衝撃的で勉強になる考え方を教えてもらった。名前は差し控えるが、完全に工務店と名乗る会社に営業に乗り込んだときのことだ。いろいろと話していると、なぜかときどき話が通じないことがある。「請負をどうしている」とか「施工エリアはどの辺か？　この近所なのか？」とか、そんな話をしても、いまひとつピンときていないことが多かったのだ。

結論を言うと、その「工務店」は、実は雑誌を出版・販売している「出版社」が母体の設計会社だったのだ。その会社は子会社ではなく、その出版社内で建築の設計やプランを提案するセクションを別につくったのだ。だから、正式には会社や工務店ではないのだ。

施工はせずに、あくまでも設計やデザインをするだけの部署なのだ。ときには、漫画のような手書きのイラストで、「ここにキッチン、ここはダイニングでここが寝室」といったような提案をすることもあるようだ。

その後はどうするのかと聞いたら、「うちでは施工はしません。設計契約だけです」ということだった。施工するのは、その会社が紹介する工務店だったり、お客さんが決めた他の工務店で建ててください、といったスタンスなのだ。

初めて、そんな「工務店」と出会い、興味が湧いたのでいろいろと聞いてみると、最初に聞いた漫画のような手書きのプランだけでも、50万円の設計料を取っているらしい。毎月、30件40件と、コンスタントに依頼が来るということだった。毎月、50万円の設計料が30件も来ている。すぐにカバンから電卓を出して計算すると、月の売上利益で1500万円だ。少なくても1500万円だ。しかも仕入コストはない。事務所を見渡すとスタッフは4名。正直言って、私の経験上ではあり得なかった。

なぜ、そんなに依頼があるのか？　なぜそのようなビジネスモデルが可能なのか？　その答えは、その会社が「出版社」であることだった。たくさんの出版媒体を持ち、それもある意味ニッチな的を絞った雑誌を持っているのだ。たとえて言うなら、「自転車の雑誌」ではなく「モトクロスの雑誌」、「車の雑誌」ではなく「フェラーリの雑誌」のようなイメージだ。

必ずしも読者数は多くはないかもしれないが、かなりターゲットを絞ったマニアックな雑誌を多くの分野で出していた。そして、各雑誌の読者層の趣味や嗜好にマッチした広告を載せるわけだ。「フェラーリに似合う家、設計します」とか、「モトクロスバイクを眺めて暮らす家」とか、自社の媒体で広告を打つ。もちろん、媒体は自社のものだから広告料はタダとは言わないまでも、かなり安く載せられる。

広告を打つだけではなく、先に住まいに関連したコラムの特集とか読者インタビューなどを持ってきてエンドユーザーに教育を施し、頼みたくなるように仕向けたうえで最終的に広告をドンと打つわけである。

この会社は、サーファーやハワイに関する雑誌に広告や住まいのコラム特集を3週にわたって載せているそうだ。そこで何の特徴もない家の設計をするのではなく、サーファーハウスやハワイハウスといった、読者の嗜好に合った商品を提案するのである。

今、この日本で、欧米の海岸にあるようなサーファーが気に入る家をつくるところはない。ちなみに、日本でのサーファー人口は約100万人と言われている。もちろん、サーファーでなくても、サーファーハウスに興味を持つ人は少なくないだろう。爆発的に依頼が来るのも理解できる。

今、ここまでお客さんが行列をつくる工務店は他にはないと思う。どんなに集客がよくできていても、年間数十棟と建てている工務店でも、このやり方にはかなわないだろう。

これは、たいへん私自身の勉強になり、今まであまり関心のなかった広告というもの、さらにはインターネットというものに興味を抱かせる要因となった。まだ現時点では、自分自身のホームページや広告などは一切やっていないが、初めて「やってみてもいいかな」と思わせてくれた会社だった。

ここでFPがすべきことは、なるべく媒体をつくるということだ。ホームページや広告で反応をしてくれたお客さん（この人たちは当然、広告を打った内容に興味を持って反応した）に対して、それにふさわしい媒体を送る。雑誌までつくらなくても、メールや小冊子、ニュースレター、セールスレターなど、有料無料を問わず送っていく。できるだけ多くの人に渡せるように意識するといいだろう。

要は、いつでも効果的な「広告が打てる」状態にしておくことが大切である。今ビジネスをするうえで、行列をつくるにはこれしかないと思ったほど、印象的でショッキングな出会いだった。ＦＰもこういった媒体やＰＲ方法に関心を持ち、積極的に利用していく、そんな姿勢が必要である。

魅力的なコンテンツを持つ

当たり前の話かもしれないが、工務店が「魅力的だな」、「いいな」と食いついてくれるようなコンテンツや営業トークを持っておくといい。先に述べた出版社でありながら、工務店を名乗る会社は、一人ひとり価値観は違うものの、顧客にとって、真にそのライフスタイルをデザインすることで差別化を図っている。海が好きだったり、サーフィンが好きな人たちにとって、とても魅力的な商品だ。その人たちにマッチしたライフスタイルを提供することができるからだ。毎日、海やサーフィンを思い出させる家に住むのはとても楽しいだろう。

このように、FPも、ターゲットにする工務店にとっても魅力的なコンテンツを用意したい。FPのコンテンツといえば、提供するサービスのことである。たとえば、子どもは好きな食べ物にはすぐに飛びつくけれど、嫌いな食べ物には見向きもしなかったり残したりする。これと同じで、工務店が食いついてくるような魅力的なコンテンツを準備することが重要である。子どもが飛びつくアイスクリームやチョコレート、ハンバーグやカレーといったコンテンツは何かと考えたとき、まず「集客」「営業」「契約」「ファイナンス」「コスト」だと思う。

それぞれが備わっているセールストークだと、工務店はとても魅力的に感じるのではないかと思う。たとえば、まずは「集客」についてである。多くの工務店は、多額の広告費をかけて集客をする。しかし、最近は反応が少ない。ゼロということも少なくない。日々、集客は工務店の社長の悩みの種である。

そのような工務店に、「多くはないけれど、お客さんを紹介できる」などと話すことができれば、聞く耳を持たない社長は少ないだろう。

次に、「営業」や「契約」だ。とかく、工務店は営業が苦手だ。なぜなら、工務店の社長は建物を建てるのが好きではじめた方が多い。建物に関してはプロだが、営業は別である。そのような社長に、「契約率が高くなる」のひと言はストレートパンチのように効く。

また、「わずらわしいローン手続きを代行できる」「ローンの通りづらいお客さんを通す努力を、こちらでします」とか、「営業コストをかけずに契約できるようになる」など、そういった内容をうまくまとめて提案できるといい。短時間で、「おっ、好物のアイスクリームが来たぞ」と思わせるようなプレゼンが望ましい。

このような努力はとても大切で、工務店にこの話ができれば個人客にも、周りの人にも内容を大きく変えることもなくできるようになる。私も仕事とは関係ない人に、仕事のことを話すとき、「コンサルタントです」と言う他に、工務店で話す営業トークをそのまま流用している。

これには2次的な効果があって、そこから紹介があったりビジネスが発生したりするので、ぜひひとつでも自分に合ったセールストークをつくっておくといい。それを武器に、切り込んでいくことができるからだ。

この武器は、最初は鍛錬されていないかもしれないが、営業といった戦で使い込むことによって、しだいに鍛錬され、提携先が増えて経験が増していくごとに強いものになっていく。ここでつまずく人が多いが、それは後々完成するものなので、最初は必死に考えて、使っていくうえで試行錯誤を繰り返しながら、段階的にいい言葉をつくっていくといいだろう。

提携に関してよくある質問への答え方

私が、ＦＰの方からよく受ける質問は、「報酬はいくらくらいもらったらいいか」という質問だが、私の場合はいろいろな体系をとっている。これは、私の試行錯誤の結果なのでこだわる必要はないと思うし、感覚的な話になるが、ＦＰが得たいと思う報酬額より多くもらうことは可能だと考えている。

それは今、私が関わっている分野には、ほとんどFPが進出してきていないため、私の独壇場なので、こういった値段がつけられるのかもしれないが、自分で思う以上の料金設定をしてもいいだろう。

私の場合、具体的に言うと、成功報酬で言うならローンを1件通すのに3万円、30万円、50万円というコースになっている。これは難易度によって設定していて、ただ手続きだけなら3万円で、少し難しいケースだと30万円、さらに難しい事業用ローンなどでは50万円いただいている。

また、営業支援では請負契約の金額の３％、５％という報酬をいただいているところもある。顧問契約で言うなら、５万円から20万円といった体系である。これはあくまでも私が設定した金額なので、あなたはそれぞれその会社への貢献度に応じた報酬額を設定してもいいだろう。

次に、「提携におけるキャッシュポイントはどこになるか」だが、私の場合は成功報酬だったり、顧問契約である。

成功報酬を5％いただくといった契約の場合、工務店のほうにお金が入ったら、そのつど5％もらう方法をとっている。たとえば、着工金、上棟金、完成金のそれぞれの5％をいただくやり方である。個人のお客様に対しても、キャッシュポイントを増やす工夫はしている。

営業や住宅ローン相談で何回もお会いしていると、当然信頼関係もできてくるため、火災保険の提案などほとんど聞いていただくことができるし、ほとんどが契約にまでいたっている。そこからコミッションを得ることができる。

生命保険の見直しなどもできれば、そこでもキャッシュポイントが増える。また、土地からのお客様であれば、土地の仲介を不動産業者に依頼して紹介料をいただくのもいいだろう。

保険の見直しでのセールストークは、いろいろな口説き方があると思うが、「これから大金を出して家を買うのだから、1円でも支出を抑えたいところですよね。生活レベルを落とさずに支出を見直すのであれば、保険を見直すのがいいですよ」「たった1時間保険に費すだけで、2万も3万も下がった例もたくさんありました」「家を建てた後1年は、団体信用生命保険が効かないこともあるけれど、その後団信が効力を発揮するようになったら保険を見直すことで保険料が安くなることが多いですよ」といったトークで、たいてい見直しにつながる。勇気を出して言ってみるといいだろう。

三つめの質問として、「工務店での立場は、どういった形でお客さんの接客にあたっているか？」、要は「何と名乗って接客しているのか」という質問である。

私の場合、二つのパターンを持っていて、工務店の名刺をいただいて動くときと自分の会社の名刺で動くとき、それぞれ違う立場で接客している。そこは使い分けだと思う。「まったくの部外者が、お客さんのために一所懸命お手伝いします」といった働きを工務店から期待されているのであれば、自分自身のブランドで働けばいいし、「一従業員の顔で出てくれ」と言われれば、工務店の名刺を持って対応すればいい。ＦＰとしてのプライドを持って、あくまでも自社ブランドで、というのもいいと思うが、最初のうちは柔軟に対処したほうがいいだろう。

四つめのよくある質問は、「今聞いた仕事をするために有利な資格は何か」というものだ。

ＦＰの資格は、やはりあるに越したことはない。たしかに、仕事をするうえでＦＰでなくてもいいことはたくさんあるのだが、「ファイナンシャル・プランナー」というのが世間的にも認知されてきて、ただ「住宅にくわしいお金の専門家」というよりは、「ファイナンシャル・プランナー」と言ったほうが、お客さん向けにも信頼性も高まるので、持っていないよりはあったほうがいいだろう。

後はとくに何が必要かと言うと、どうしても必要なものはないが、「住宅ローンアドバイザー」はあってもいいかもしれない。その資格を持つことで、あなたが自信を持って仕事をできるというのであれば、あったほうがいいだろう。しかし持たなくても、自信があるのなら、時間がもったいないので、その分を新規営業に充てたほうが生産的だ。

chapter

6

FP独特の集客方法

独立前の広告費0円の宣伝方法

独立前に、できるだけ広告費をかけずに仕事を取る方法をご紹介したい。まず、ひとつめのやり方は、周りの人に「独立する」と話すことだ。よく、「独立しましたので、よろしくお願いします」と手紙を書く人はいるが、私は直接会って面と向かって言ったほうがいいと思う。手紙も、書かないよりは書いたほうがいいが、直接会って言うほうが、絶対に効果は高い。

それも、なるべくプライベートな空間、時間で直接話したほうがいい。要は、居酒屋などで飲みながら熱く話すほうがいいということだ。私も実際にそうした。高い確率で皆、私の独立を応援してくれた。それは直接的な金銭の授受などではないが、私が、会いたい人を紹介してくれたり、宣伝してくれた。今思うと、涙が出るほどありがたいことだ。とくに、身内は献身的にサポートしてくれる。

話は少しずれるが、この独立時の身内の献身的なサポートの恩を忘れることなく、事業を展開していって欲しい。これは、配偶者・親・兄弟姉妹・親戚などの身内に、必ず何度もいくらでも恩を返すということだ。

事業に失敗している人の共通点は、「身内に不義理」ということである。簡単な例で言えば、事業がうまくいってお金を持ち、配偶者に不義理になり、異性と問題を起こして、会社を潰すということは本当によくある。身内への感謝は絶対に忘れてはならない。

話を戻し、皆さんが気になることだと思うので、ここで話しておくが「独立することを言ってはいけないな」と思う人には、話さないほうがいい。中途半端に伝えると、評判を落としてくれるような人間には細心の注意が必要だ。

ただ、できるだけたくさんの人に話しておくことは大切だ。実際には、会社員である時期にそんな話をするのはタブーだという考え方があるかもしれないが、だからこそ、プライベートな場面で話をして支援をお願いするのだ。「広く告げる」と書いて「広告」になるが、私の場合はあえて、「広く口で告げる」ことが「広告」であると考え、人にもそう伝えている。

独立前に、仕事を得るための準備というのはとても大切なことである。資格を取るのであれば早めに取って、法律や税務、情報、アフターサービスなど、自分自身が実際に動けないことであれば外注先を確保したり、社員を雇うなどのサポート体制をつくり、サービスや商品に違法性がないかどうかを調べておくなど、事前にしておいたほうがいい。

そんなことは、後からで見切り発車でもいい、と言う人もいるかもしれない。私も実は、そんな形でやってきたが、ある程度の準備をしておくと、問題にぶつかったときに楽に対処することができる。

二つめは、忙しい企業に話をしに行くというのも、ひとつの方法である。どんな形でもかまわないが、たとえばＦＰなら、ＳＧ（スタディグループ）などに所属してそこに来てくれた講師などと名刺交換をして、後から会いに行くのもいい。

また異業種交流会などで、「人手が足りない」と言っている会社などに、積極的に仕事を取りに行くこともお薦めしたい。この不景気でも、必ず人手が足りなくて忙しいといった会社はあるので動いておくといいだろう。私が知る限りで、忙しい業界と言えば、太陽光発電業界だ。補助金やエコブームにも乗って、各企業とも忙しくて人手が足りていない。

また、新興国向けの輸出業界も忙しくしている。アフリカなどは、依然として購買力が強い。正直、売り手市場だ。日本とはまったく逆の市場となっている。このような業界に、FPとして入り込む隙を見出し、ビジネスをつくり出すことも独立前の大切な作業だ。

ちなみに、私はすでにこれらの業界に入ってビジネスをしている。

空振りに終わることも多いかもしれないが、いろいろな企業に行って話を聞き、「隙あらば」、といったスタンスでコネクションをつくっておくことは、独立当初の立ち上げ時には大切なことである。早くビジネスを安定させるためにも、多くの企業とコンタクトを取って話を聞きに行くといいだろう。

紹介を無駄打ちするな

こちらから紹介を打診するタイミングを、私は大切だと考えている。私自身、考えがあって紹介を打診しないことはある。まったく紹介を打診しない人、または紹介打診はするけれども、そのタイミングを計らずに口にする人、それぞれの人に対する、私なりの分析と私のノウハウをお伝えしよう。

お客様と初めて会ったタイミングで、いきなり紹介をお願いする人もいるが、まだこちらがどういった人間かもわからない時点で、紹介などしてもらえるわけがない。

「いい人だなあ、頑張ってほしいな」とか「いいサービスだな」と思ってもらうことができて、初めて紹介しようと思うわけだから、基本はひと通りお客様に対するサービスや仕事が終わってから、紹介をお願いするのがベストである。サービスをすべて受けて、お客様がすべてを理解したうえで、本気で紹介することができるのだ。

よくマーケティングの本などで言われる通り、ガマ口の蓋が開いたときに、「ご一緒にポテトもいかがですか？」というマクドナルド方式がいいと思う。そのときには、すでにお客様とも何度も会っていて人となりもわかっていただいていて、サービスも提供して内容もわかってもらっているため紹介は得やすい。

人に対して、私という人間をどう説明していいかもわからない状況で、一方的に紹介をお願いをするというのは、ＦＰにとっては危険ではないかと思う。お客様と出会った初日から、お客様のほうから紹介の話が出たなら例外として、一度すべてのサービスが終了してから、「どなたか、紹介してください」と言うのがいいだろう。

では、どうしたら紹介を引き出せるかというのが問題なのだが、まずは紹介の打診を必ずするということだ。「こういう人を探しています。もし、いらっしゃったらご紹介ください」と言うのがいいだろう。

自分からはまったく言わないという人もいて、それは決して悪くはないが、効果は絶対に言ったほうが高い。紹介を依頼するタイミングも、お客様が満足しているときがいい。先にも書いたように、すべてのサービスの提供が終了し、満足してもらって、「北島さん、ありがとう」という感謝の言葉が出たときがベストである。

それだけではなく、自分のサービスをより簡単かつ効果的に伝えてもらうために、「このように言ってください」といった、セールストークのようなものも準備しておくといいだろう。

また私は、「希少性」もアピールするようにしている。「こういったサービスをするＦＰというのは実は少ないので、ぜひ」ということでセールスポイントにする。「希少性」も紹介いただくための要素になってくる。

みなさんも、無駄打ちすることなく、またベストのタイミングで紹介依頼をしていくことができれば、広告費をかけることなく集客ができ、仕事が途絶えないＦＰになれるだろう。

効果が大きい小さな看板法

この方法は、地元密着でやるＦＰなら、とても効果的な集客方法である。広告費が少なくてすむし、根強い集客をすることができる。具体的に言うと近所の店、たとえば飲食店とかコンビニ、クリーニング店などに、自分のチラシや小冊子などを、箱に入れて置かせてもらうという方法だ。

この方法を試してみて、チラシを持って帰ってもらえないとか少しも減らないとか、まったくそれからお客さんが来ないと言うＦＰもいるが、実はそんなことは計算ずみで、それを狙うわけではない。

置かせていただける許可が出た店舗には、まず自分のサービスを受けてもらう。これは、無償でもいいだろう。その店のオーナーやそれに準じる人にサービスを受けてもらって、そのサービスがいいなと感じてもらえたら、応援者になってくださいと依頼するのだ。

できれば、積極的な応援者になってもらうのだ。平たく言えば、〝いくつもの紹介を生産してもらう工場〟になってもらうということだ。

まずはお客さんになってもらって、さらにそこから紹介をしてもらうことが目的である。そのためには、チラシや小冊子を置かせてもらうだけでは意味がない。なぜかと言うと、何度も顔を出して覚えてもらうのが第1ステップなので、「チラシの補充でうかがいました」と、できれば1~2週間に1回は顔を出したり、たとえば、設置した店が弁当屋だったら、お昼の弁当を買うのに利用して顔なじみになり、「チラシを置かせてもらっているので、時間があるときにこんなサービスを受けてみませんか？　勉強になりますよ」ということで勧誘する。そこで満足してもらい、希少性もアピールして紹介をいただく。

要するに、その店に来るお客さんにチラシを持って行ってもらうことが目的ではないのである。もしチラシを持って行ってくれて、そこから問い合わせや申し込みがあればラッキー、くらいの気持ちでいたほうがいい。私の実績を言うと、チラシからは年間3件ほどの問い合わせがあるくらいで、もちろん集客の柱にはなっていない。

置かせてくれる店舗が1、2軒では少ないかもしれないが、10軒、20軒と増えてくると、ボディブローのようにじわじわときいてくるいい集客方法だ。さらにお金がかからない。チラシ代程度ですむからだ。フリーペーパーに広告を打つよりも、はるかに安い費用で集客ができるのがいい。

何せ、チラシの費用とそれを置くためのボックスを用意するだけなので、チラシ代は外注でお願いすれば、1枚2円程度で印刷してくれる。さらに設置用のボックスは１００円均一の店で購入すれば、チラシとボックスの1セットで、１４０円~１５０円程度ですむ。

営業センスのある方は、そのボックス自体に自社の宣伝チラシを貼って、チラシを持って行かないお客様や来店者に看板のようにアピールをしている。

1件や2件程度の設置件数では効果は少ないが、30件くらい置かせていただくことができれば、そこからの集客が月1～2件くらいの件数で、コンスタントに来るようになる。コストが30件×150円だから、4500円で毎月お客が来るなら、費用対効果は抜群である。

もうひとつ情報を付け加えると、私がこの方法を試したときに置いていただきやすかったのはクリーニング店やコーヒーショップ、スーパー、大型のドラッグストアやファミレスなどだった。ファミレスなどは、ほとんどがチェーン店なので、本部の許可を得なければならないなどと断られることも多いが、気にせずに行ってみると、そこの店長の裁量で置かせてくれることも多かった。

後はケーキ屋、酒屋なども置かせてくれた。美容室なども、彼ら自身がチラシを配ったり、置かせてくれと回っているためハードルは低い。これを言うと喜ばれるのが、「うちでも、チラシをお客様にお渡しします。だから私のチラシを置かせてください」というものだ。交換条件を提示すると、意外と置かせてくれるところが多かった。

FPとして、地域密着でやっていきたいのであれば、この方法をやらないわけにはいかないくらい効果の高いやり方なので、ぜひトライしていただきたい。

地元のメディアと提携するメリット

地元のメディアというと、たとえばその地域に配付される新聞、フリーペーパーとかローカルなテレビ番組などである。最初は、コネがないと話を聞いてもらえないなど、コンタクトを取るのが難しいかもしれないが、無償で記事を書いたり情報発信をするといったことをしていくといい。これは、その時々に起こった出来事に関して記事を書くのである。

たとえば、地震が起きた後だったら地震保険について書き、無償でいいので記事にしてもらう。とにかく、何らかの形で、地元のメディアと接点を持つことが大切だ。

新聞社やテレビ局などは、メディアということで、媒体をいくつか持っている。媒体を持っているということは先にも述べた通り、集客の面で非常に有利になる。私たちFPが狙っているのはその集客力であり、それを利用してフェアやセミナー等を開催していくのが効果的である。

地元メディアと提携するメリットとは、媒体を持っている強みを活かして集客してもらい、フェアなどを開催していただくことだ。

そのときにメディア会社のメリットになるのは、参加企業の広告料だったり、フェアへの参加費などである。このように、メディア会社にお金が落ちる仕組みにする。ＦＰはその仕組みを提案したことで、参加費を免除してもらうといった特典をもらって個人のお客様を集客する。

さらに、フェアを地域のお祭り的イベントにすれば地域の活性化にもつながり、地元の方たちにも喜んでもらえる。

先に述べた、小さな看板で地元でのアピールをしていることが浸透していれば、さらなる相乗効果で契約率も高くなるだろう。

できるだけ、参加する企業をメディアと一緒に探したり、イベント内容を一緒に企画するなど、すべての主導権をメディア会社に渡さずに、こちらサイドにも権限を持てるような交渉をしておくといい。

いろいろな問題も生じるとは思うが、半年から1年など長期的なスパンで綿密に計画して実施に結びつけていきたい。

フェアは今、ＦＰの集客にとって、とても効果の高いやり方だと私は感じている。ぜひともチャレンジして集客を増やしていただきたい。

少し話はずれるかもしれないが、私が集客のヒントにしているのがある生命保険会社で、この会社は集客がいい媒体やイベントに関しては、何度も広告を掲載したり出店している。

媒体やイベント案内にその会社の広告を見つけたら、まずその媒体やイベントについては外れることはないと思っていい。後は、大手のエステ会社が広告や出店をしていれば、集客がいいと判断しても、それほど間違いはない。たまにテストで出していることもあるが、それでも効果が高い方法だと真似して一緒にやってみるのも悪くない。

人が集まるフェアへの参加

先ほどご紹介した、地元メディアが開催するフェアへの参加だけでなく、関東地区ではビッグサイトや幕張メッセ、関西地区ではリバーフォーラムやＡＴＣホールなどの展示場で開催されるイベントに参加するのもお薦めだ。

「お金がかかるだろう」と思われるかもしれないが、これがもし自分がターゲットとするお客様がたくさん集まるフェアであれば、費用対効果はとても高い。

ただ、気をつけなくてはならないのは、主催者側が「30歳代の若い夫婦層が来ます」などと言っていても、それを鵜呑みにしないほうがいいということだ。

では、何を基準にそのフェアへの参加を決めればいいのか？　これは、どの媒体で集客しようとしているのか、がポイントとなる。

たとえば、新聞に広告を出してフェアにお客さんを集客しているのであれば、本当に「若い夫婦層」が集められるかというと疑問である。なぜなら、最近は新聞を取らない家庭も多いからだ。

他にも、「年配の方を集めたい」場合に、主催者側が「たいへん有効なフェアです」と言ったとしても、もしかしたらインターネットで大々的に集客をしているかもしれない。となると、年配の方がインターネット広告を見て大勢集まるとは考えにくい。

主催者側は、参加企業が多いほどいいわけなので、そこはうまいセールストークを使ってくるし、実績等の数字も「本当かな？」というものを見せられることがある。では、どのように確認するか？　必ずフェアを見学しに行ったほうがいい。そこで参加している企業等に、お客さんの顔をしていろいろと聞いてみるといい。「これはうまくいきそうだな」と肌で感じたなら、翌年参加してみるといいだろう。下準備もしないでの参加は、結局準備不足で終わってしまうことが多いので、安易な参加は避けるべきである。

フェアへの参加は、個人客に対する有効な集客方法のひとつの手段だと書いた。それだけではない。ここには、勉強熱心な企業の人たちも多く参加してくる。どんな人たちが参加してくるかと言うと、若手か幹部が必ずやって来る。若手では、なかなかビジネスにつながることは少ないが、幹部の方と話ができると、意外と違うビジネスに発展していくことがある。

自分のできること、持っているものと相手側が持っているもの、望んでいるものをうまくマッチングして新たなビジネスがはじまることも多い。さらに、今後伸びていきそうな会社、成長が望めそうな会社も多く出店してくるため、こういった企業との接点をつくることも、ビジネスの拡大には大切である。

こういった意味でも、フェアに参加するというのは集客のためだけではなく、とても意義のあることなので積極的に参加するといいだろう。

実績と先生の推薦とメリットの大切さ

売り込み先の会社にお渡しする、自分自身のアピールや自社の案内や紹介文などを書くとき、私が気をつけていることは大きく分けて三つある。まずひとつめは「実績」である。「実績」をなるべく多く書く。セミナー講師やパブリックスピーカーをしたとか、とくに一部上場企業など、大きな会社や公的機関でセミナー講師をした実績などは、たくさん書くといい。自主開催セミナーでもかまわないので、セミナー風景の写真を撮っておいてそれを載せるのも方法だ。

他にも、どれくらいのお客さんを接客したとか、どれだけのお客さんの相談をこなしたかということも「実績」となる。1件1件カウントしている方は、その件数をそのまま掲載すればいいが、数えていられないくらい接客や相談をこなしてきた、という方はざっくりとした数字でもかまわない。

とにかく、相手が「すごいな」と思うような、具体的な数字を載せておくことは重要だ。それと、メディアへの掲載である。たとえばテレビへの出演。専門家として、○○テレビの△△という番組のこんなコーナーでコメントした、などである。撮影風景を写真に撮っておいたり、テレビの放映されている画面をテレビごと写して案内文書に載せるというのが私のやり方だ。そのほうがリアリティーがある。また雑誌や新聞への掲載歴など、誌面のコピーなどは、記録に残しておいて会社案内などに載せるのがいいだろう。また、出版した本や取材をされた雑誌や新聞の記事なども載せていきたい。

そのためには、最初は先にも書いた通り、地元のフリーペーパーや雑誌に記事を載せてもらう努力をしよう。そこへの掲載はそれほど難しくはないはずだ。その記事も、実績のひとつとしてカウントできるので大切に保管しておくべきである。

二つめは推薦文である。どういう人があなたを、なぜ推薦しているかということを載せていくといい。推薦してくれる人は、いわゆる「先生」と言われる人が効果的である。具体的には、代議士とか弁護士、大学の教授など、「先生」と呼ばれる人に書いてもらうのが最も効果が高い。

私の場合は、大学教授の推薦文を載せさせていただいている。もし、そういう方たちへのサービス提供の経験がなかったり、交流がないということなら、「お客様の声」という形で今まで相談に応じた方の感想を載せればいい。

「お客様の声」も、なるべくリアリティーがあったほうがいいので、手書きのアンケートや感想文の写真を撮って載せたり、ホームページに載せるのであれば、動画でできればお客様の顔もわかる状態で見られるようにする。できるかぎりリアリティーの高いものにして、見た人が納得してくれるものにしたい。

「これ、つくったものじゃないか？　やらせじゃないか？」と思われるようなものは極力避けるようにしたい。誰でもつくれるような、「何だか胡散臭いな」といったものではなく、本当に推薦したいから出てきてくれているのだろうな、推薦文を書いているのだろうな、と思わせるような、クオリティの高いものをつくることが大切である。

もし、お客様には協力していただけるなら、住んでいる市町村と実名を出させていただけるように許可を求めよう。「先生の推薦」をつくれない場合は、写真や動画、住んでいる市町村、実名に実筆のアンケート文をできるだけ多くのお客様からいただけるように努力していただきたい。もちろん、その両方をセールスレターや会社案内に載せたほうがベストである。

三つめは「メリット」である。これは、お客様があなたのコンサルを受けることでどんなメリットがあるかを述べていく。

その際に意識しておくことは二つあって、ひとつは「他ではやっていない」といった希少性。こういうＦＰは他にはいないので、だからサービスを受けてみてください、といった流れだから、その貴重さをアピールするといいだろう。二つめは差別化。「他でもやっているかもしれないが、他と違ってうちはこうなのだ」「実績が違う」「この分野ではＮＯ・１だ」といった、他のＦＰとは違う点を強烈にアピールする。この二つを押さえてメリットを打ち出すわけだ。

付け加えるものとして、人は金額がわからないと行動しないため、金額を記入すると先に進む可能性がぐっと上がる。「実績」「推薦文」「メリット」——この三つを公式のように頭に入れて、広告を打つときも意識してつくっていただきたい。

プロデュース系ＦＰのススメ

ＦＰは、何かと１人でやりたがる人が多い。たとえば、よくあるパターンだが、お客様が保険の相談に来たとする。「私は保険のプロです」と言って、お客様の保険の見直しをしてあげる。見直しがうまくいって、今度はお客様に資産の運用を薦める。

「運用したほうがいいですよ。なぜならば、教育費というのは年３％くらいずつ上昇するので、ただ貯蓄をしているだけでは追いつかないからです。運用というのは大切ですよ。私は運用のプロでもあります」と言い出すわけだ。さらに、うちは宅建業もやっています。引っ越すのであればマンションを売りませんか？　といった具合に、次々に商品を薦めはじめる。

「ＦＰ」という仕事は、そのようにして１組のお客様にすべてを売るのが正解かもしれないが、私はビジネスとしては不正解ではないかと考えている。だいたいにおいて、１人で何もかもやるというのはミスを犯しやすくなるし、何よりも専門性といった点において深みを感じさせないからだ。

私は、本当にくわしいのは一分野だけでいいと考える。その他にも、ＦＰは「司法書士」を取ったり、「宅建」を取るなど、いろいろな資格を取っている人が多いが、どれも中途半端でものになっていないケースも見受けられる。しかし私は、だからいけないのではないかと思う。

すべてに携りたいのであれば、プロデュースに回ったほうがすべてに携ることができるし、信頼度も増して効率もよくなって、契約率も高まるのではないかと考えている。

「プロデュースするＦＰ」とはどういうことかというと、仕事を各士業や専門家、企業に振るＦＰ、ときにはＦＰの仕事もＦＰに振るということだ。

これは、たとえば家を建てたいという個人客があなたのところに来たとする。あなたは、資金計画のプロである。「建物を建てるまでの流れをすべて知っています。私が家を建てるわけではありませんが、すべてお任せください。家づくりのスペシャリストを何人も知っています」という形で、その人の家づくりのプロデュースをしてあげる。

具体的には、このお客さんはまず土地を買わなければならない。「まず、土地を買うにはどこの不動産屋で買うかが大事ですよ。なぜだか、お教えしましょうか?」「ある土地を買おうとしたとき、その土地はどこの不動産屋でも買えるが、どこでも買えるとなれば、よりサービスのいい「ここから買いたい」と思えるところから買ったほうがいい」と。

「なかなか、そういった不動産屋はありませんが、私が信頼して付き合っているところが1社あります。この会社なら、きちんと面倒見てくれますよ」と言って紹介してあげる。

土地が見つかって家を建てたいが、その前にローンを組まなければならない。ローンに関してはＦＰの専門分野だ。「住宅ローンは、我が社のＦＰにお任せください。この間立てた資金計画の通りに夢をかなえてくれる銀行を探してくれます」と言って、銀行を紹介する。

他にも「土地の所有権を移転させて抵当権を設定しなくてはなりませんが、いい司法書士がいます。登記についてくわしく教えてくれて、しかも金額が他よりも安いです」と言って、司法書士を紹介してあげる。こうして司法書士に仕事を振る。

さて、次は家を建てる番だ。「○○さん、実際に住むのは土地ではなく家ですよね？　どんないい土地を買っても建てた家が悪い家だったら、いい土地を買った意味がないですよね？逆に土地が悪くても、いい家を建てればいい土地に変わってしまうんですよ。それができるのがプロの建築士です」、さらに「こういった建築士は職人のような人なので数はとても少ないです。食べていけなくて辞めてしまう人が多く、一般的なデザインで数をこなして何とかやっていこうという人が多い中、あなたのライフスタイルに合った独創的な家を建ててくれる建築士さんがいますが、一回会って話をして簡単な図面をつくってもらいませんか？」と言って建築士を紹介する。

それを施工するのは工務店だ。最近は、工務店もまさか手抜き工事をすることはないだろうが、より腕のいい工務店がいい。私の知っているいい工務店がある、しかも安い金額で建てられるとなれば、お客さんのほうから、「もう、すべて北島さんにお任せします」となるのである。

さらに、家ができ上がれば表示登記をしなければならない。そこで、家屋調査士に話を通す。「せっかくの新居が火災になってはたいへんだから、火災保険をかけましょう。また、1年たてば団信が有効になるので、一般の生命保険を見直せば無駄が省けるかもしれない」、ということで保険会社や代理店を紹介する。それぞれの士業や会社や金融機関に仕事を振ることで、家づくりのすべてに関わることができるのである。

士業や会社に仕事を振って、嫌がられることは非常に少ない。むしろ喜ばれる。いい人を紹介することができれば、お客さんからも喜ばれる。家づくりの途中でひとつでも嫌な思いをすれば、たとえば不動産屋がすごく印象が悪かったとなれば、ずっとその気持ちを引きずってしまうことになる。

そういった意味でも、ＦＰがきちんと取り仕切ってあげられなければお客様がかわいそうだ。ＦＰが責任を持って、きちんとプロデュースしていくことはＦＰの大切な能力のひとつである。

さらに、提携会社に仕事を振ったという点で、仲介料やバックマージンといったお金をもらうのも悪くはない。ただ銀行に関しては、融資手数料という形で支払ってくれるところは少ない。すべての紹介先からお金を取れるわけではないが、１組のお客様をプロデュースすることで、まるで自分が映画監督のような存在になれるわけだ。お客さんの思い出づくりにもなり喜ばせてあげて、関係先からはフィーが取れるとてもやりがいのある、プロデュース系ＦＰを目指していただきたい。

ＦＰ同士で組むだけで差別化になる

先に書いた「実績と先生の推薦とメリットの大切さ」の中でメリットについて、大切なことが二つあると述べた。ひとつは「希少性」。もうひとつは「差別化」である。この項では「差別化」について述べたいと思う。

差別化といっても「とくにないよ」という人がいるかもしれない。なかには、少し的を外れた差別化をしている人もいる。たとえば、「独身男性ＦＰ」というのは、差別化にはなっているかもしれないが、お客様から選ばれるための決定打となるものではない。これは私に言わせると、的が外れていると思われる。

そうではなくて、お客様にあなたに頼もうと思わせるような「サービスの差別化」というものを考えてもらいたいのだ。

タイトルに書いてある通り、ＦＰを集めて差別化するのがいいと思う。その理由は、あるお客様が言っていたことに衝撃を受け、気づかされたからだ。

そのお客様はこう言った。「ＦＰの方たちは、ホームページを見ていると1人でやっている方ばかりだ。いろいろなことが書いてあるけれど、結局あなたは何ができるのか？　ということがわからない。だから、ＦＰをたくさん抱えている、従業員がたくさんいるところに頼んだんだ」と。

　このように言われてみて、的を射ていて面白いな、と感じた。ＦＰ自身も、１人ではなく、組織として多数のＦＰがいたほうがいいとはわかってはいるのだろうけれど、これを実際にやっている人は少ない。みんなが、１人でやっているのだ。みんながやっていないことをやることが「差別化」なのであれば、みんなが１人でホームページに顔を出して恥じらいもなくしゃしゃり出るのではなく、大勢のＦＰで世間に出たほうが絶対に強い、と私は感じた。

　では、どうやってＦＰを集めたらいいのかというと、実は簡単で、各地域にあるＳＧ（スタディグループ）で仲間を募ればいい。基本的にＦＰは、貧乏で仕事のない人が多いので、少しでもお金になりそうな話があれば乗ってくるはずだ。

　では、どのような種類のＦＰを集めるか。たいていは、保険に強いＦＰ、投資信託など運用に強いＦＰ、不動産に強いＦＰ、相続に強いＦＰと、得意な分野の違うＦＰを集めることを思いつくと思う。そうすれば、住まいと保険と資産管理の案件すべてを取ることができるからだ。事業としても安定性が増すだろう。

　それは、もちろん正解だと思うし結構なことではあるが、私はそれでは面白くないと感じる。そうではなく、同じ得意分野のＦＰをたくさん集めておいたほうがずっと面白いと思う。

　たとえば「保険のスペシャリストを集めたＦＰ集団」のほうが、より魅力的に感じる。魅力のある人が、１人ではなく２人も３人も……そんなにたくさんいるんだったらここに頼んだほうがいいよね、となるわけだ。

実際に、一部の賢いＦＰは実行している。「エフピー住宅相談センター岡山」は、住宅にくわしいＦＰが3人集まって、住宅に特化したＦＰサービスを提供している会社だ。この会社は、とてもうまくいっているＦＰ会社のひとつだ。

家づくりのすべてをＦＰが対応するのではなく、自分たちは資金計画や住宅ローンの紹介をして、地域の提携している工務店にお客様を紹介するのだ。ここも、プロデュースする側になることで、よけいな手間や経費をなくし、集客やサービスに力を入れている。このような会社を見本にするといいだろう。

では、たくさんのＦＰで仕事はどう分けるかと言うと、ここは頭を使えばいいだけの話だ。地域で分ければいい。○○地域はAさん、××地域はBさん、△△地域はCさん、といったように分担すれば、同じ分野で活躍するＦＰを集めてＦＰ同士で組んで、ホームページでの集客や実際のマーケティング、営業がしやすいだろう。

その試みも、私がたまたまやってみてうまくいった点だ。ＦＰがたくさんいるため、私１人ではないからお申し込み問い合わせがたくさんあっても対応できますよ、と言うことができる。実際に、法人のお客様でもそういった点を心配されていることも多いので、もし私と同じような道を歩みたいと思っているなら、周りの同じようなことをしたいと思っている人を集めてアピールし、集客やマーケティング、営業を「差別化」し、武器にしていっていただきたい。

ＦＰもコンサルティングを受けよう

私の考えの中で、とても大切なことをひとつお伝えしたい。それは、「投資の中で自己投資は最も効率のいい、何よりもリターンのいい投資である」ということだ。

自己投資は、ずっと継続していけば収入も嘘のように増えていく。たとえ事業が安定しても、勉強にお金をかけることは大切だ。

また、独立当初でお金がなくても投資し続けていくことは大事なことである。具体的には、セミナーや講演会に行ったり資格を取る、また諸先輩方に話を聞きに行くのもいいだろう。どれかひとつに偏ることなく、まんべんなく勉強できれば一番いいだろう。ＦＰの多くはどちらかと言うと、上から目線で話をすることが多いが、決して忘れてはならないことは、自ら学ぶことなのだ。

勉強家のＦＰでも、コンサルティングを受けるＦＰはとても少ない。私はいいと思う人のコンサルティングは、実際にお金を払って受けに行っている。

ここでご紹介したいコンサルタントは、まず神田昌典さん。この方の本は、必ず買って読んだほうがいい。日本のビジネス界を変えた大物コンサルタントで、ビジネスについてとてもわかりやすく興味深く書いてあるので、すべてを読んでもいい。あとは、マーケティングトルネードの佐藤昌弘さんのコンサルティングなども私は好きだ。私では発想できないセールスや集客、ビジネスの展開を教えてもらうことができる。また、各業界に太いコネクションや人脈を持ち、的確なアドバイスもしてくれるクレバーなコンサルタントだ。

しかし一方、大手コンサルティング会社は私の肌には合わないようだ。彼らの中には立派なコンサルタントもいるが、その他大勢はやはり会社員でしかない。ビジネス通ではあるが、会社の経営となるとやはり違うのだ。一度でも、会社を経営した者としていない者とでは、やはり違いが大きすぎると感じる。それを私は肌で感じたため、コンサルを頼むのであれば、会社経営の経験のあるコンサルタントにお願いするようにしている。

さらに言うなら、何でもそうだが、その業界のトップにいる人に教えてもらうのが手っ取り早い。業界の中のこともわかっているため話が早い。できるならば、その業界のトップの会社の社長に会ってノウハウを教えていただき、即実践して身につけていくことが、成長のポイントと思われる。

なかなか、そういった人たちのコンサルティングを受ける機会もないし、お金がかかるため、敷居が高いことも事実である。しかし、そこまで知名度が高くないコンサルを受けるならば、ひとつ条件がある。

前にも書いたが、あなたが紹介してもらいたい人を、きちんと紹介してくれるかどうかがひとつだ。たとえば、出版がしたいのであれば出版社を紹介してくれたり、税理士と提携したいときに税理士を紹介してくれる。また、新規開拓のために営業先を紹介してくれたり、やりたい事業に関してレールを敷いてくれるなど、たとえ、いいノウハウを教えてもらえなくても、実利にかなうものであれば、費用対効果としてはとてもいいのではないだろうか。

他にも、ひとつ言っておかなければならないことは、コンサルタントに頼りっぱなしもよくない。

言っていることが矛盾しているかもしれないが、コンサルタントはコンサルタントであって、あなたの会社の従業員でもなく慈善事業者でもない。結局、動いて事業を大きくしていくのはあなた自身である。その助けとして利用するのであって、実際のビジネスの主体者はコンサルタントではなく、あなた自身だということは肝に銘じてコンサルを受けなくてはならない。出版社を紹介してくれるかもしれないけれども、企画書を書いてはくれない。魅力的な企画書を書くのはコンサルタントではなく、あなた自身なのだ。集客のノウハウを教えてくれるのはコンサルタントだが、実際にチラシを考え、集客してくるのはあなた自身なのである。

コンサルティングを受けるのは大切だが、過剰な期待感を持ってはならない。

ただ、そのコンサルタントからいろいろなことを学んだり、紹介してもらったりすることで仕事の幅が広がり、次の展開がしやすくなり、一緒にその方法を考えたり整理したりしてもらえるのでやはりコンサルタントは役に立つと思う。そういった意味で、積極的にコンサルティングを受けてみるといいだろう。

【著者略歴】

北島祐治（きたじま　ゆうじ）

千葉県市川市出身。大学在学中にFPの資格を取得。大学卒業後、高圧ガス販売業者に就職、法人営業を担当。仕事をしていくうちに、自分でビジネスを創造し、社会に貢献していきたいという思いが強くなり、FPを活かしたビジネスを展開することを決める。独立後、住宅ローンの分野を専門にする。工務店・不動産業者等から依頼を受け、契約件数を増やし業績アップに貢献。住宅ローン相談件数は、ピーク時には年間200件近い相談をこなしてきた。ここで培った住宅ローンの経験や知識をFPに提供し、より多くの実務家を育成していきたいと考え、住宅ローンの専門FPを養成する講座を開催する。丁寧なフォローを通じて多くの成功者を輩出している。現在は、住宅ローン相談、家づくりセミナーをはじめ、企業研修で営業マンの育成、異業種にFPサービスを導入するコンサルティングを行なっている。

ファイナンシャル・プランナーで独立・開業する法

平成25年8月27日　初版発行

著　　者 ――― 北島祐治
発 行 者 ――― 中島治久
発 行 所 ――― 同文舘出版株式会社
東京都千代田区神田神保町1-41 〒101-0051
営業03（3294）1801　編集03（3294）1802
振替001000-8-42935　http://www.dobunkan.co.jp

ISBN978-4-495-52411-1

印刷／製本：三美印刷
Printed in Japan 2013